エスニック・マイノリティに未来を拓く

チッタゴン丘陵の紛争から見えてくるもの

下澤 嶽
SHIMOSAWA TAKASHI

コモンズ

エスニック・マイノリティに未来を拓く●目次

チッタゴン丘陵国際委員会（Chittagong Hill Tracts International Commission：CHT 国際委員会）　1989 年にチッタゴン丘陵の人権侵害を防ぎ平和を促進することを目的にヨーロッパの人権活動家たちによって設立された組織。チッタゴン丘陵の問題を詳細に伝える報告書『Life is not Ours』を数年ごとに出版した。和平協定後一時期活動が停滞したが、2008 年にベンガル人リーダーも加え再結成され現在に至っている。

＜人物名＞

マナベンドラ・ナラヤン・ラルマ（Manabendra Narayan Larma、または M. N. Larma）　チャクマ民族リーダーで、PCJSS の創設者であり、初期の抵抗運動の中心的人物だった。1983 年に反乱分子だったプリティ・チャクマのグループにより暗殺される。

サントゥ・ラルマ（Santu Larma）　PCJSS の現代表であり、和平協定の署名者。現在はチッタゴン丘陵地域議会の議長も兼ねている。マナベンドラ・ナラヤン・ラルマの実弟で、本名は Jyotirindra Bodhipriya Larma。チャクマ民族出身。

＜バングラデシュ政党名＞

アワミ連盟（Awami League）　1949 年に設立された政党。バングラデシュ独立時には中心的な役割を果たした。チッタゴン丘陵和平協定の交渉を成功させ、署名した政党でもある。

BNP（Bangladesh Nationalist Party：バングラデシュ民族主義党）　当時大統領だったジアウル・ラーマンが 1978 年に設立した政党。チッタゴン丘陵和平協定には反対または消極的な立場をとることが多い。

＜その他＞

丘陵県地方政府議会（Hill District Local Government Council）　1989 年、エルシャド大統領時代にチッタゴン丘陵 3 県にそれぞれ創設された独自の議会制度。選挙で選ばれた地域のエスニック・マイノリティ・リーダーにより、行政事業の運営、管理をするとともに、必要に応じて立法、徴税なども行う。97 年の和平協定では、一部修正されたが機能はほぼそのまま残された。

チッタゴン丘陵地域議会（Chittagong Hill Tracts Regional Council）　1997 年の和平協定で新たに盛り込まれた行政機能で、3 つの県の丘陵県地方政府議会の上位機関で、3 県の地方政府議会の運営を調整、モニタリングする機関。議員は、3 つの丘陵県地方政府議会の議員の投票によって選ばれる。

用語・略語一覧表

＜一般用語＞

ジュマ(Jumma)　ベンガル語で「焼畑をする人」という意味で、チッタゴン丘陵に住む人々の総称として1980年代頃から丘陵の一部の人々が政治的一体感を醸成するために使い始めたが、必ずしも定着して使用されているわけではない。

＜主なエスニック・マイノリティ組織＞

PCJSS(Parbatya Chattagram Jana Samhati Samiti チッタゴン丘陵人民連帯協会)　1972年にチッタゴン丘陵のエスニック・マイノリティによって設立された政治グループ。武装抵抗運動の中心的組織であるシャンティ・バヒニ(平和部隊)という組織をもっていた。97年の和平協定の署名団体でもある。

PCJSS=M. N. ラルマ派　PCJSS代表のサントゥ・ラルマと一部のリーダーの運営方針に反対して、2007年、10年に離脱したリーダーたちによって結成された政治グループ。PCJSSを創設したマナベンドラ・ラルマの理想に返って活動を行うことを信条としている。

UPDF(United People's Democratic Front 人民民主主義統一戦線)　和平協定の内容に満足しないエスニック・マイノリティによって1998年に結成された政治グループ。完全自治をスローガンにPCJSSと対立している。

UPDF民主派(UPDF Democratic)　UPDFのリーダーであるプロシット・キシャの独裁的な運営に反対し、離脱したリーダーによって2017年に結成された政治グループ。

シャンティ・バヒニ(Shanti Bahini：平和部隊)　PCJSSの中に1972年に秘密裡につくられた武装抵抗組織。紛争中は主にこの組織が武装活動を展開した。97年の和平協定後投降、解散した。

KNA(Kuki-Chin National Army：クキ・チン国民戦線)　2008年に設立されたクキ・チン全国開発機構(Kuki-Chin National Development Organization)が、21年から武装グループ化したもの。構成員はバンダルバン県に居住する一部のボム(Bawm)民族で、チャクマ民族支配による現状に反対し、独自の自治制度を求めている。22年イスラム過激派に軍事訓練を行っていたことがわかり、今は軍の厳しい掃討作戦に直面している。

バングラデシュ・アディバシ・フォーラム(Bangladesh Adivasi Forum)　バングラデシュのエスニック・マイノリティの権利の認知を求めて2001年に設立された組織。毎年8月9日の世界の先住民族の国際デーに権利を主張する式典を実施している。代表は、PCJSS代表のサントゥ・ラルマが就任している。

＊各章扉の写真：ジュマ・ネット。

国際協力の向こう側へ

チッタゴン丘陵の子どもたち

1992年4月、私は日本のNGOのバングラデシュ駐在員として、ミャンマー国境近くのコックスバザールでロヒンギャ難民の支援活動をしていた。難民の数は30万人を超え、大小数百ものNGOが支援活動に従事し、難民キャンプ周辺の狭い道はNGOや国際機関の車でごった返し、活動を伝えるNGOの華やかなバナーが狭いキャンプのあちこちに貼られていた。難民キャンプはまるでどこかのバザールかと思われるような賑やかさだ。私のバングラデシュでの駐在員生活も4年目を迎えていた。1年前の91年にはサイクロン災害支援の活躍が注目され、私の所属するNGOも日本では話題のNGOとなっていた。しかし、今回のロヒンギャ難民は、被害者を装う移民ではないか?という記事を書く日本のジャーナリストがいた。後でわかったのだが、ミャンマー国軍がロヒンギャの人々を強制的に特定区域に移住させ、居住場所を整備する政策が進んでいた。そのため、傷害、殺害、レイプといった顕著な人権侵害被害があまり多くなかったこともあって、「被害者を装う」という印象を一部のジャーナリストに与えたようだ。しかし、その裏では、強制労働をさせ、抵抗する者には暴力を振るうといったことが続いていた。

私は、難民キャンプで活動する日本のNGOスタッフとして関係者から注目されることに、ちょっとした満足感と充実感を感じつつも、手柄を見せつけるように振る舞うNGO集団に少し嫌気がさしていた。狭い道を駆け抜ける外国人専門家の車、日帰りで昼間の短い時間だけしか滞在しないＮＧＯスタッフたちにも、なんとなく「援助業界」の匂いを嗅ぎ取っていた。私もその一人なのだが。

そんな時、コックスバザールのホテルで、あるＮＧＯ関係者から「数日前チッタゴン丘陵[1]で大きな虐殺事件があったらしい」という話を聞いた。そのＮＧＯ関係者は聞かれてはまずいとヒソヒソ声でその話をする。事件は、１９９２年4月10日、バングラデシュ・チッタゴン丘陵のカグラチャリ(Khagrachari)県ロガン(Logang)で、軍とベンガル人入植者らがエスニック・マイノリティであるジュマ[2]の人々を襲い、大量に殺害したというのだ。その情報だと殺された人々の数は2千人とも3千人[3]とも言う。その事件現場はロヒンギャ難民キャンプから２００㎞ほどの場所である。しかし、事件は新聞にも載っておらず、そこに駆け付けるＮＧＯもなかった。

チッタゴン丘陵は１９７７年に紛争が始まって以来、軍が大量に駐屯し、外国人はもちろん、ベンガル人でもなかなか入ることができなかった。外部のＮＧＯももちろん活動は許されていない。ＮＧＯがもしこの問題に介入して問題提起したら、ＮＧＯの登録が取り消される、または活動を停止させられるのは確実だった。だから現地ＮＧＯスタッフであっても、周りを気にして小声で話すのだ。ＮＧＯの車で渋滞が発生するロヒンギャ難民キャンプ。しかし、２００㎞先の国内で起きた政府の治安部隊による住民の大量殺害事件を、ヒソヒソ声で話さなければならないＮＧＯとはいったい何なのか。ＮＧＯ関係者であることの罪悪感のようなものが心の中で疼き始める。ＮＧＯはどこまでいっても最終的には国家機関の従属的存在なのだろうか。「現地政府の許可を得て国内で活動する」ためには、「政府に都合の悪い現場」は見ない・語らない、こうしたトレードオフの関係がＮＧＯと国家の間にすでにあることを明確に感じた瞬間でもあった。

１９９３年に正式に日本に帰国すると、日本ではＮＧＯバブルとでもいうような現象が起きていた。マスメディアはＮＧＯを未来の寵児のようにもち上げ、取材が後を絶たない。政府ＯＤＡ資金だけでなく、多くの省庁がＮＧＯ資金制度を創出し、資金的にもＮＧＯはバブル状態であった。そして大手企業もＮＧＯとの連携を望むところが徐々に現れ、「社会の側がＮＧＯに突進してくる」ような印象を覚えた。

当然、ＮＧＯに職を求める日本の若者も増加した。私の勤める組織のスタッフ1名のポストに、有名大学卒業者や企業に勤める若者が70人近く応募してきて驚いた。まさに日本のＮＧＯの拡大期・成長期に立ち会っているのだと実感した。社会的シンボルとなりステータスを得つつあったＮＧＯ内部では、非営利組織のマネージメントや現場の手法に関する英単語や流行が盛んにやり取りされ、専門家のように振る舞う空気がみなぎっていた。しかし、私はそうした風潮に馴染めない感覚が日に日に強くなっていた。

ＮＧＯの現場のすぐ近くにある大きな矛盾。放置または隠ぺいされているエスニック・マイノリティの権利、文化、主張。私は、ロガンの虐殺事件以後、それが見えないかのような態度でいることに居心地が悪くなっていた。ＮＧＯは虐げられている人々のことを一番に考える存在ではなかったのか。そのために、最大の努力を払うべきではないのか。片方で、大きな資金が流れ込み、ブランド化されるＮＧＯの実態との乖離にも冷めた気持ちが強くなっていった。私は15年勤続した職しているＮＧＯを退職し、ＮＧＯに自分の主張をぶつければ混乱することは目に見えている。私は15年勤続したＮＧＯを退職し、ささやかだがチッタゴン丘陵を支援するＮＧＯジュマ・ネットを立ち上げることにした。沈黙しないこと、民族問題を現場で考えること、必要であれば政治を語ることを目指し、そして20年が経った。残念ながら、20年程度では手に負える問題でないことだけはわかった。

この本では、20年間にわたりチッタゴン丘陵の現場を見て、出会い、聞いてきたこと、そしてわずかだが解決を目指して考え、行動したことをまとめていけたらと思う。この10年ほど、世界では民族問題、紛争、テロが飛躍的に増えている。そして、これに対処する国際法も国家間協力も少なく、解決の選択肢も少ない。エスニック・マイノリティの問題に対する世界の無関心と無理解、エスニック・マイノリティ内部に発生する内紛、紛争を背後から支える武器の存在、そして何よりもマイノリティの人々の抑圧を肯定するマジョリティの優越意識。これらを変える方法を私は考え続け、そうした民族意識を超える世界観と共存の方法をこれからも探していきたい。

（1）この地域は英語ではChittagong Hill Tractsと表記され、日本語では「チッタゴン丘陵地帯」と訳されることがこれまで多かった。本書では、丘陵と地帯が重複する意味合いもあるため、「チッタゴン丘陵」と簡潔に表記する。

（2）ジュマ(Jumma)という名称はベンガル語で「焼畑をする人」という意味。11以上のエスニック・マイノリティがここで居住しており、生活や文化の類似性があるものの、言語、宗教、習慣の違いもあり、同じエスニック・マイノリティとは言い難い。焼畑農業を営む共通性があることから、マイノリティのエリートの一部が便宜的に11の民族の総称をジュマと呼び始め、使われている呼び名であるが、必ずしも強いアイデンティティやコミュニティ意識を伴うものではない。また場合によっては、人口が多く政治力をもつチャクマ、マルマ、トリプラに反感を感じるグループも一部いる。そのため、ここではジュマという表現は避け、エスニック・マイノリティという用語をできるだけ使用するようにする。

（3）この時は3千人という数字が出されていたが、後でわかったことだが、殺害を恐れたエスニック・マイノリティの人々は国境付近のジャングルやインド側に逃れて行方不明となっていたため、それらの数も死者に数えられ、数字が大きくなっていた。最終的には78人だという村人の証言を2004年に筆者は現地で聞いている。

第1章

エスニック・マイノリティ

集団的主権を得られなかった人々

バナナを売りに行く村人

第二次世界大戦の終了とともに、欧米や日本による植民地支配が終焉を迎え、アジアの近代国民国家づくりが胎動し始めた。数百の言語、部族が存在するこの地域で、「民族」という想像の共同体を基盤とする近代国民国家の確立が進んでいった。エスニック・マイノリティは、他のマジョリティ・グループとの駆け引きや政治的交渉に奔走し、時として紛争に突入していった。

この本で取り上げるバングラデシュだけでなく、北東インドやミャンマーもその典型的な場所である。例えば、北東インドでは、ナガランド州やミゾラム州のように独立のために抵抗した地域もあれば、バングラデシュのチッタゴン丘陵では、１９７７〜92年まで紛争が続いた後、97年に和平協定が結ばれたが、今も国軍の駐屯は続いており、和平協定も十分実施されておらず、最近ではエスニック・マイノリティ同士の内紛が続いている。ミャンマーでは１３５の部族が国民として認知されているが、その中には独自の自治、または独立を求める武装勢力が多数存在している。また、バングラデシュとの国境地帯のラカイン州にはロヒンギャと呼ばれるアーリア系イスラム教徒がいるが、ミャンマー国軍から迫害を受け、２０１７年に約１００万人の難民がバングラデシュに流れ出している。インド、バングラデシュ、ミャンマーの国境付近では、エスニック・マイノリティとエスニック・マジョリティとの間に多数の緊張関係が存在し、紛争の温床となっている。

国際社会とエスニック・マイノリティ

近代国民国家から排除されてしまうエスニック・マイノリティを国際社会はどのように語り、対応してきたのだろうか。そして民族国家の政治システムの要である自決権は、いつ生まれ、どう発展してきたのだろうか。

近代国民国家の中心的価値である自決権の概念は、ヨーロッパで結ばれた1648年のウェストファリア条約まで遡ると言われている。これはキリスト教のプロテスタントとカトリックの対立によってヨーロッパで続いた三十年戦争（1618～48年）の後、66か国が署名した講和条約である。この条約でカトリックとプロテスタントによる宗教戦争は終止符が打たれ、各領地で共通の文化や言語でつながる世俗社会を基盤とした国家を、互いに認め合うことになった。つまり、キリスト教の権威を背景とした教皇・帝国といった普遍的・超国家的な権力が終わり、領地内の同族たちによる国家の領土権、領土内の法的主権、相互の内政不可侵の原理が確立された最初の例となった。この原則は1776年のアメリカ独立、1789～99年のフランス革命を経て、その後も形を変えながらも維持・拡大され、現在まで続いている。

ここでの世俗的な国家とは、つまり「民族」と呼ばれる「想像の共同体」という連帯意識によってつくられる社会のことで、同じ神話を共有し、宗教・言語・文化などの共通性・類似性が高く、「我々」という意識をもつ人々によって構成される国家を意味する。その集団と領地を一つの国家として認め合い、互いに内政に干渉しないことで平和の均衡を維持してきたのだ。

しかし、アジアで大きな民族をつくり上げるのは容易ではなく、同化しないエスニック・マイノリティが常に一方で生まれてきた。このエスニック・マイノリティも、当然共通の神話・宗教・言語・文化を共有するグループであり、規模の違い以外はエスニック・マジョリティと同質なものである。エスニック・マイノリティはエスニック・マジョリティに自決権を独占され、一方的に同化の対象にされ、紛争に発展する問題が国際社会で議論されるようになった。1815年のウィーン会議最終議定書、1856年のパリ条約、1878年のベルリン条約など、国内のエスニック・マイノリティの権利や保護を認める動きはあった。しかし、エスニック・マイノリティの制度が本格的にヨーロッパで整備・確立されたのは第一次世界大戦後の戦後処理からである(下條1995：32)。

第一次世界大戦後、平和維持の枠組の一環としてエスニック・マイノリティの保護や権利に触れた和平協定がヨーロッパで数多く生み出されていった。こうして各国間で締結された条約を国際連盟が監視する役割を担うことになるのだが、アメリカの国際連盟への不参加やソ連・ドイツの脱退などにより、その実態が失われていき、また、これらが敗戦国だけの義務として構成されていたため反発を招き、後のイタリア、ドイツのファシズムを生む結果となった。

第二次世界大戦後の国際社会とマイノリティ

第二次世界大戦の勃発の契機の一つは、同胞民族の保護を名目としたヒトラーによる自決権の乱用であった。そのため、第二次世界大戦後は、国連憲章（1945年）や世界人権宣言（1948年）の起草文書のように、エスニック・マイノリティの権利は注目されるようになっていった。

独立を目指す旧植民地の動きが活発になるにつれて、植民地の人々の自決権を認める国際社会の動きが活発になった。代表的な例が植民地の独立を前向きに認めることを確認した1960年の「植民地諸国諸人民に対する独立付与に関する宣言」（植民地独立付与宣言）、そして植民地から独立した国家が他の国家と同等の自決権を有し対等であることを強調した70年の「国際連合憲章に従った諸国家間の友好関係と協力に関する国際法の諸原則についての宣言」（友好関係宣言）の、国連での採択である（下條1995：30）。

多様な文化と民族を抱えていたアジア・アフリカでは、大きな一つの民族を形成することは難しく、当初からエスニック・マイノリティの周辺化や差別問題が大きく浮上していた。だが、この時期は旧植民地が次々と独立していく時代で、その国家建設が優先される空気があり、エスニック・マイノリティの課題は中心的な議論になりにくかった。

その例として、1948年に国連が採択した「世界人権宣言」は、個人の権利を明確にするものであり、エスニック・マイノリティの集団的権利を対象とする保護規定はなかった。66年に国連で採択された「自由権規約」の第27条で、初めてエスニック・マイノリティの条文が入り、「種族的、宗教的又は言語的少数者が存在する国において、当該少数者に属する者は、その集団の他の構成員と共に自己の文化を享有し、自己の宗教を信仰しかつ実践し又は自己の言語を使用する権利を否定されない」と規定された。しかし、この条文ではあくまでも個人の権利としてそれを「否定されない」といった消極的な立場を表現しており、集団的権利である自決権という表現は避けられ、国家の消極的義務だけを規定している（伊藤2009：173）。こうした中で、重要な条約として89年のＩＬＯの「独立国における原住民及び種族民に関する条約」（第169号条約）がある。この条約では、原住民及び種族民の自決権が初めて明記され、批准国に対して法的拘束力をもつ内容であった。だが、これを批准している国は24か国にすぎない。

冷戦が終結すると、エスニック・マイノリティの保護や自律を謳った国際法文書が急増していく。これはソ連の崩壊により、東欧の民族的な内紛が激化していったため、ヨーロッパの安全保障と平和的均衡を保つ必要性が急速に高まり、エスニック・マイノリティの処遇のあり方が問われたからである。

表1－1　エスニック・マイノリティ問題を含む主な国際文書、宣言等

1957年	ILOの「土民及び種族民条約」(第107号条約)では、原住民及び種族民の保護を規定し、アイデンティティや文化が保護されることを明記しているが、集団的自決権は明記されなかった。
1966年	「自由権規約」の第27条に条文が入るが、個人の権利として否定されないという消極的な立場だった。
1989年	ILOの「独立国における原住民及び種族民に関する条約」(第169号条約)では、原住民及び種族民の自決権が明記され、批准国には法的拘束力をもつ。
1990年	全欧安保協力会議のコペンハーゲン人間的次元会議で、「コペンハーゲン文書」が採択。少数民族の自律的行政の確立を明記した。
1992年	欧州評議会がエスニック・マイノリティの言語の保護・促進を認める「地域言語または少数派言語に関する欧州憲章」を、国連総会では「民族的・種族的・宗教的・言語的希少者に属する者の権利に関する宣言」(少数者権利宣言)を採択した。
1995年	欧州評議会が「少数民族保護のための枠組条約」を採択する。しかし、集団的自決権については触れられておらず、個人の権利としてのみ認めている。
2007年	「先住民族の権利に関する国際連合宣言」が採択され、先住民族の自決権を明記した。

(出典)筆者作成。

まず、全欧安全保障協力会議(以下、全欧安保協力会議)が１９９０年６月に開催したコペンハーゲン人間的次元会議では、「コペンハーゲン文書」が採択され、第４章で「少数民族の権利」を規定し、少数民族の保護及び促進の手段として自律的行政の確立を明記し、自治の重要性を認めた(伊藤２００９：１７１)。92年には、欧州評議会がエスニック・マイノリティの言語の保護・促進を認める「地域言語または少数派言語に関する欧州憲章」を、国連総会では「民族的・種族的・宗教的・言語的希少者に属する者の権利に関する宣言」(少数者権利宣言)を採択した。ただし後者の2つは、あくまでも文化や個人的権利の保護を表していて、集団的自決権については触れられていない。

1995年には欧州評議会が「少数民族保護のための枠組条約」を採択する。しかし、これにも集団的自決権については触れられておらず、個人の権利としての条約となっている。94年に国連で草案が採択され、2007年に採択された「先住民族の権利に関する国際連合宣言」(以下、「先住民族の権利宣言」)では、初めてエスニック・マイノリティの自決権が明確に入れられた。その意味で、この宣言は重要な転換点になった。

ここで二つの重要な事項が浮上している。一つは、集団的自決権をどのように国内で認めていくかということ。そしてもう一つは、先住民族(Indigenous Peoples)という概念をどう解釈するかということである。

先住民族とエスニック・マイノリティ

先住民族の定義はいまだにはっきりとしてはいない。おそらく典型的な例としては、アメリカ、オーストラリア、ニュージーランド、カナダ、そして中央および南アメリカに、ヨーロッパの人々が移住する前から住んでいた土着の人々のことを指すことが多い。移住してきたヨーロッパ人は、徐々に土地や資源を奪い、抵抗する人々を時に武力で弾圧し、生き延びた人々を特定の居住区に押し込めるなど、政治権力を独占し、抑圧的な政策を続けてきた。永きにわたって権利を奪われてきた土着の人々を先住民族と呼び、その被害性が世界に伝えられるようになっていった。1960年代の黒人の公民権運動の影響を受けて、北アメリカで先住民族の権利回復運動が活発化し、70年に国際的志向をもつ組織が誕生するようになる(小坂田2017：31)。こうした組織が国連に権利回復を訴えたことで、国連が本格的に動き始めた。

1971年に国連人権委員会の下部組織の「少数者の差別防止及び保護に関する国連人権小委員会」が先住民族差別に関する調査を勧告し、ホセ・マルチネス・コーボ(Jose Martinez Cobo：以下、コーボ)を特別報告者として任命した。

1982年、経済社会理事会はコーボ特別報告者の調査報告書を受け、国際連合先住民族作業部会(Working Group on Indigenous Populations：WGIP)を立ち上げた。そして、85年に作業部会は権利宣言の草案策定に取り組み、93年に「先住民族の権利宣言」の草案が、「少数者の差別防止及び保護に関する国連人権小委員会」に提出され、94年に採択された。ここでエスニック・マイノリティの自決権が明確に条文に入れられ、これまでの国際文書としては画期的な一歩となった。

こうした国連の動きに反応して、アジア・アフリカで周辺化され、差別されてきたエスニック・マイノリティたちの間で、自らを先住民族と名乗る動きが活発になり、宣言づくりにも積極的に関わるようになっていった。先に述べたアメリカ、オーストラリア、ニュージーランド、カナダの先住民族と異なり、アジア・アフリカのエスニック・マイノリティは、数も多く多様で、頻繁に移動と統合を繰り返しており、歴史的に先住性を証明する記録も不十分なことが多かった。それを反映して、「先住民族の権利宣言」は先住民族の定義をめぐって議論が紛糾し、最終的には当初検討されていた先住民族の具体的な定義の項目を削除し、自らを先住民族と自称する者という、恣意性が入り込みやすい基準によって先住民族を規定するとした。普遍的で明確な定義を行うべきと主張するアメリカ等の国があったが、多くの政府代表及び先住民族組織は、歴史的及び種族的複雑さを考慮すれば、すべての状況をカバーできる普遍的な定義は不可能であるという点で一致していた(小坂田2017：60-66)。多様な関心とステークホルダー(利害関係者)を抱えた議論は難航を極め、合意に至るために脆弱性、矛盾、曖昧さを含みながら、承認のゴールに向かっていたと言える。

その後、「先住民族の権利宣言」の草案は人権委員会で諮られ、最終版が2006年6月に人権理事会で承認され、07年9月13日の国連総会で、「先住民族の権利に関する国際連合宣言」として採択された。賛成143、反対4、棄権11で、34が欠席だった。反対の立場は、アメリカ、オーストラリア、カナダ、ニュージーランドだった。ちなみにバングラデシュは棄権、日本は賛成票を投じている。

バングラデシュにおける先住民族の権利概念は、エスニック・マイノリティの政治活動を活性化させてきたが、現時点では権利回復に成功していない。このことは第6章で詳細に触れたい。

民族ナショナリストか、ナショナル・マイノリティか、先住民族か？

アメリカのマイノリティ研究家のガー(Ted Robert Gurr)は、マイノリティを「民族ナショナリスト(Ethnonationalists)」、「ナショナル・マイノリティ(National Minorities)」、「先住民族(Indigenous Peoples)」に分類している(Gurr 2000：232)。「民族ナショナリスト」とは、1945年以降、自治に向けた政治的運動を行い、独自の国家や伝統的支配者、宗教的支配者などによって組織化された政治体を有し、ある地域的に集住している人々としている。一方「ナショナル・マイノリティ」は、同族が隣接した国家を有しており、国家にまたがる集団であるが、居住している国家において少数派である人々を指している。

本書で扱うバングラデシュ・チッタゴン丘陵の人々はガーの分類で言うと、「民族ナショナリスト」になると言える。しかし、インドやミャンマーに同族が居住しているという点からも「ナショナル・マイノリティ」の側面ももち合わせている。また、最近は先住民族の権利に関する国連宣言の成立を受けて、「我々は先住民族[1]であり、憲法に先住民族を明記せよ」とバングラデシュ政府に働きかけている。しかし、この要求はバングラデシュ政府に跳ね返されている。

世界のエスニック・マイノリティの多くは、分類にきれいに収まらない多面的な顔をもっている。これらの単語がもつこれまでのイメージを引きずらないように、本書ではこうした人々の総称として、あえてエスニック・マイノリティという表現を使っていく。

エスニシティという概念は、古典的な民族論では説明しづらい状況から1950年以後、徐々に使用範囲が広がってきている用語である。祖先・文化・言語・宗教・歴史的神話などを共有する「我々意識」を自覚するグループのことで、エスニシティを使った初期の書籍の代表的なものに、63年に出版されたグレイザーとモイニハンの『人種のるつぼを越えて』がある。そこでは多様な人種、民族が溶け合い、新しい生活文化を形成していくという考え方である「メルティング・ポット」神話を否定し、様々なエスニック集団の存在を強調している。この言葉が頻出するようになった背景として、70年代以後、民族紛争や難民が多発するようになったこと、また先進国に移民が増えたことが挙げられる。そしてエスニック・マイノリティの権利回復の高まりとともに、エスニック・マイノリティという用語が拡大して使われるようになっていった。しかし、その使われ方は今でも多義的かつ流動的で、一つの定義に収めることは難しい。本書のエスニック・マイノリティは、政治的主権を有している民族と同格に扱われるべき存在でありながらも、結果的に政治的権利から疎外されているマイノリティ集団を指す用語として使っていく。

本書では、エスニック・マイノリティの事例として、バングラデシュ・チッタゴン丘陵を扱う。そこで何が起きて、どのような和平協定が結ばれ、どのような社会を創ろうとしたか、またそれがなぜ実現できなかったのかという事象の背景を見ていく。そして、政治的権利を剥奪されているエスニック・マイノリティの解決策の一つとして、自治権のあり方を考えていきたい。

例えばクラバース(Jan Klabbers)は、自決権を国内の集団にも認める立場をとっているが、その場合、自決権を分離権と切り離すことを主張している。彼は集団の保護を重視し、自決権を「真剣に受け止めてもらう権利」、つまり手続き的権利として再解釈することを提唱している。内的権利は自決権を個人の権利に解消してしまうが、クラバースはエスニック・マイノリティの共同体としての側面が尊重されなければならないという立場をとる。分離権を否定しつつその集団を多数派の専制から保護するものとして提唱している(Klabbers 2006：205-206)。国民国家体制の中で抑圧されているマイノリティの権利回復、社会参加のため集団的権利が必要で、マイノリティの自決権を既存の国民国家の中にどう保障するかという視点と、個人の権利の保障は相互に関連し合っている。つまり、エスニック・マイノリティの権利を保障するためには、集団的自決権を認め、文化と社会の存続のために必要な自治を許容することが前提となる。そのうえで多数派と初めて対等な立場に立つことが可能になる(伊藤２００９：１７９)。こうしたエスニック・マイノリティと自治のあり方を、「平和のコスト」からも考え続けていくことが重要だ。

この本でも紹介しているが、バングラデシュにおいて先住民族の権利に関する宣言を政府が受け入れるのが難しいとするならば、冷戦後国際社会で高まってきている、分離権から切り離した集団的自決権、簡単に言うならば、エスニック・マジョリティと共存しつつ、エスニック・マイノリティ独自の自治のあり方を制度として考えることができないだろうか。これを第7章で考えていきたい。

現在の地球社会ではISやイラク、シリア、アフガニスタンなど、宗教や民族の違いを理由とした紛争が増加し、そのため大量の難民、移民が先進国に流れ込み、そこでは新たな民族排他主義が台頭している。ヨーロッパ各国でポピュリズム（大衆迎合主義）を標榜する政党に支持が集まり[2]、移民排除を訴えたアメリカのトランプ前大統領が一部から熱狂的な支持を受けた。過去の民族意識にしがみつこうとする現象は、民族国家主義の末期的症状のように感じるとともに、こうした価値観を克服する政治的手段が求められていると感じる。エスニック・マイノリティへの自治権付与は争いを避け共存するための妥協の産物とはいえ、現在も世界で数多く存在し、一つの制度として進化を続けている。エスニック・マイノリティの自治制度がもたらす可能性と課題を整理し、多民族共生の可能性を見出すことに価値はないのだろうか。

本書では、バングラデシュ・チッタゴン丘陵のエスニック・マイノリティの問題を掘り下げるが、これは世界に3億とも4億とも言われる、すべてのエスニック・マイノリティの人々の姿でもある。

（1）先住民族をベンガル語で「adivasi」と言い、この言葉をバングラデシュの憲法に明記する運動を続けている。

（2）ポピュリズムを標榜する右派政党が、フィンランド、ハンガリー、ラトビア、リトアニア、スイス、ボスニア・ヘルツェゴビナ、ブルガリア、チェコ、ポーランド、セルビアではすでに政権をとっていて、移民・難民を排除する政治が強まり、イギリスの「イギリス独立党」、フランスの「国民戦線」、ドイツの「ドイツのための選択肢」、オーストリアの「オーストリア自由党」などの活動も活発になっている。

〈参考文献〉

伊藤理恵（２００９）「内的自決権とマイノリティの自律」『横浜国際経済法学』第18巻第2号、１６９～２１１ページ。

小坂田裕子（２０１７）『先住民族と国際法――剥奪の歴史から権利の承認へ』信山社。

下條芳明（１９９５）「民族的少数者の権利と文化自治権の系譜――20世紀における西洋憲法および社会主義憲法を中心とする比較憲法的考察」『憲法論叢』第2号、27～44ページ。

ネイサン・グレイザー、ダニエル・P・モイニハン著、阿部齊・飯野正子訳（１９８６）『人種のるつぼを越えて――多民族社会アメリカ』南雲堂。Glazer, Nathan and Moynihan, D. P.（1963）*Beyond the Melting Pot : The Negroes, Puerto Ricans, Jews, Italians, and Irish of New York City*, The MIT Press.

Gurr, Robert Ted（2000）*Peoples Versus States : Minorities at Risk in the New Century*, United States Institute of Peace Press.

Klabbers, Jan（2006）The Right to be Taken Seriously : Self-Determination in International Law, *Human Rights Quarterly*, Vol. 28, No. 1, The Johns Hopkins University Press.

第2章

チッタゴン丘陵略史

紛争以前

民族衣装の少女たち

バングラデシュ・チッタゴン丘陵は、多くの民族が支配権をめぐって流入する一方で、他の民族を押し出していく場所でもあった。ただ15世紀頃から、チャクマ民族を中心とする統治システムが徐々にでき上がると、ムガール帝国、イギリス植民地の支配下に置かれても、その体制は大きく変わることはなかった。

しかし、東パキスタン、そしてバングラデシュを経て、最終的に紛争に突入する原因となったのは、エスニック・マジョリティの利害しか考えない開発政策であった。それは大量の開発難民を生み出した「カプタイ(Kaptai)ダム」だった。自分の家と土地が水に沈んだ人々の数は約10万人、補償もなくインドに流出した開発難民は約3万～4万人という、今では考えられないような大事件であった。

ウッラ(Mahfuz Ullah)ら4名は、著書『Bara Parang』[1]の中で、カプタイダム建設で、移転を余儀なくされた住民のヒヤリングを行い、当時の貴重な住民の声を残している。

この記録の中で、オマール・アリ(Omar Ali 取材当時70歳)は、「先祖がずっと住んできた家が水の中に沈み二度と戻らない、それを直視する経験は本当につらかった。たくさんの人はやりきれずに泣き、絶望していた。皆そこを離れたくない人ばかりだった。彼らの多くは高台に上り、万一水位が下がるかもしれないと、一時的にそこに住む者もいたが、二度と元に戻らないとわかるのに長い時間はかからなかった」「湖はこういった人々の絶望の涙によって今の形になったんだ」(Ullah 1995：23)と伝えている。

チッタゴン丘陵の自然と人々

北東インド、バングラデシュ、ミャンマーは険しいパトカイ山脈とアラカン山脈を共有しながら、これらの山脈の頂をなぞるように国境線を引いている。チッタゴン丘陵は、バングラデシュの南東部に位置し、南北に走るアラカン山脈の西側の裾野に広がる比較的なだらかな丘陵地帯である。なだらかと言っても一番高い山頂は1056m(2)程度と、険しい山脈も一部ここに食い込んでいる。南はミャンマーに、北はインドのトリプラ州・ミゾラム州に接している。面積は1万3184㎢で、長野県とほぼ同じくらいの広さである(**図2―1**)。現在は、北部のカグラチャリ(Khagrachari)、中部のランガマティ(Rangamati)、南部のバンダルバン(Bandarban)の3つの県で編成されている(**図2―2**)。

表2―1は、1991年と2022年のセンサスに基づき、チッタゴン丘陵の民族別人口を一覧にしたものである。22年時点のチッタゴン丘陵の人口は、191万2276人で、前述したジュマと呼ばれる人々が98万9678人で、残りの92万2598人がベンガル人(イスラム教徒が主だがヒンドゥー教徒を含む)で、ほぼ1対1の状況になっている。モンゴロイド系のエ

図２—１　北東インドとチッタゴン丘陵

（出典）Wikipediaより筆者作成。

スニック・マイノリティで現在確認できるのはこの表の11のグループである。

ここで居住しているそれぞれのグループについては、正確なことはあまりわかっていない。チャクマとマルマに関してはこれまでの資料から推測すると、歴史的にミャンマーのラカイン地域から北上してきたことは確実そうだ。マルマの言語はラカイン州のラカイン族の言葉に酷似しているが、チャクマの言語はべ

図2－2　チッタゴン丘陵

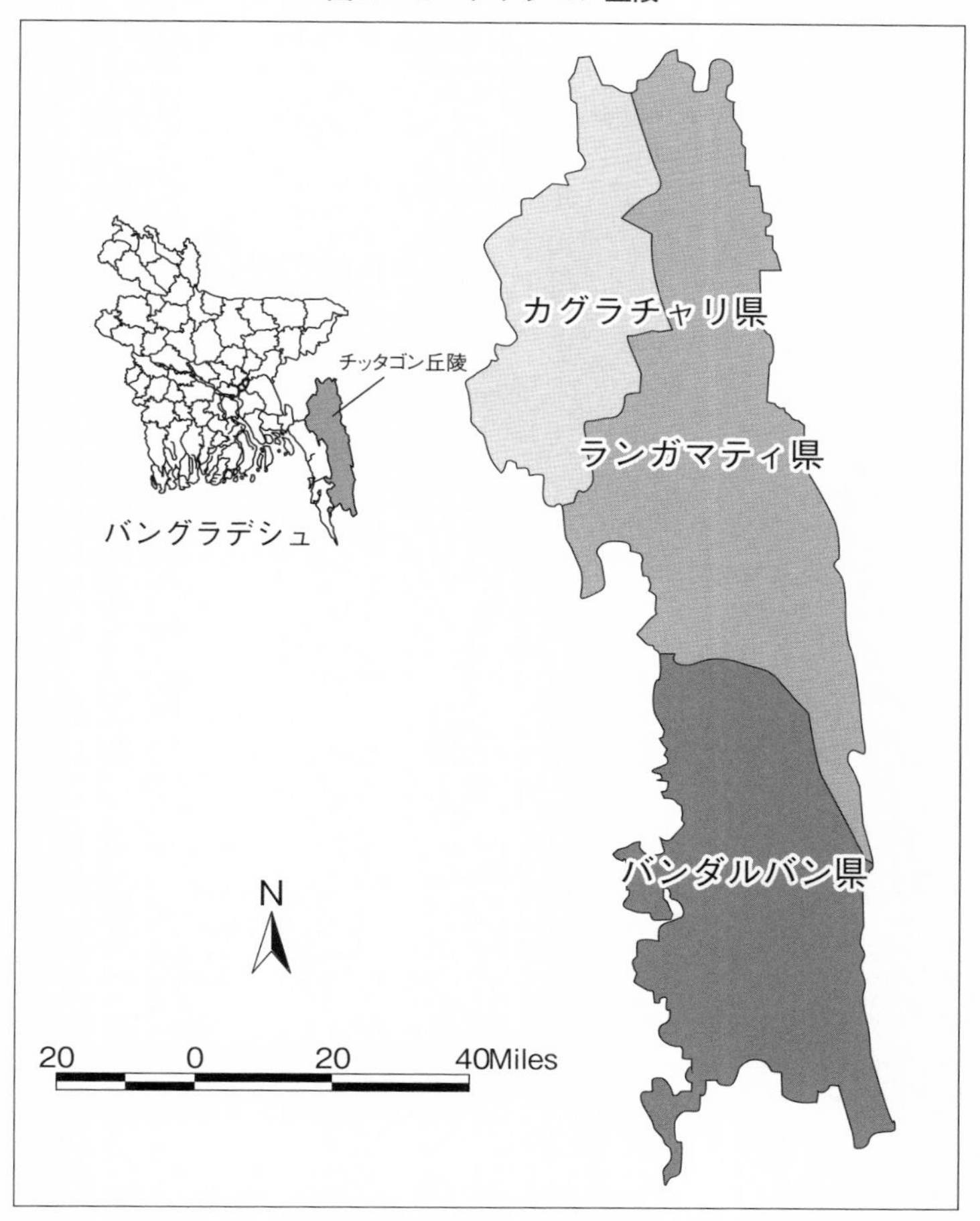

（出典）バングラデシュ地方行政技術局（LGED）の資料をもとに筆者作成。

表２－１　チッタゴン丘陵の民族グループの人口と宗教

グループ名	1991年	2022年	宗教
チャクマ(Chakma)	239,417	483,299	仏教
マルマ(Marma)	142,334	224,261	仏教
トリプラ(Tripura)	61,129	156,578	ヒンドゥー教またはキリスト教
ムル(Mru)	22,167	52,455	クラマ教[6]、仏教、キリスト教
トンチャンガ(Tanchangya)	19,211	45,972	仏教
ボム(Bawm)	6,978	13,193	キリスト教
キャン(Khiang)	1,950	4,826	仏教またはキリスト教
クミ(Khumi)	1,241	3,780	キリスト教、仏教、クラマ教
チャク(Chak)	2,000	3,077	仏教またはキリスト教
パンクア(Pankua)	3,227	1,857	キリスト教
ルシャイ(Lushai)	662	380	キリスト教
その他	828		
小計	501,144	989,678	
ベンガル人	473,301	922,598	イスラム教、一部ヒンドゥー教

(出典)Bangladesh Census 1991 & 2022 より筆者作成。　単位：人

ンガル語のチッタゴン方言に近く、インド・アーリア語系で、チャクマの起源は謎が多い[3]。トリプラは、インド・トリプラ州住民と同じ民族である。トンチャンガは、チャクマの支族でほぼ同じ言語を話す。ムル、チャク、クミはおそらくミャンマーに起源をもつ民族と推定される[4]。そして、ボム、キャン、パンクア、ルシャイは、インド・ミゾラム州に起源をもつ人々と推測される[5]。明確な証拠を提示するのは難しいが、この地域の人々はムルが一番古い居住者ではないかと言及することが

よくある。

どのエスニック・マイノリティもルーツや言語は異なるが、顔はモンゴロイド系で、焼畑農業を営み、生活スタイルなどにも共通項が多い。ここは、こうした東南アジア文化圏とインド・アーリア文化圏の境界であり、2つの文化が交じり合うゾーンでもある。

ここの焼畑農業は、3月に山の斜面を野焼きし、そこに米、とうもろこし、たばこ、綿、パパイヤ、サトウキビ、パイナップル、ウコン、しょうが、ゴマ、芋、バナナなどの種や苗を植え、天水だけで栽培を行う農業である。収穫は秋から冬にかけて行うが、農繁期は、斜面に臨時の作業小屋を作り、そこで寝泊まりする。連続して同じ農地を使わず、次の年は違う畑に移動して、順々に移動を繰り返し、10~20年後にまた最初の農地に戻ってくる。農地の振り分けは、カルバリ(Karbari)と言われる村長の決裁で行われる。こうした農業は生産性が低く、環境の悪化につながるという指摘もあるが、人口が少なかった頃は、環境負荷も少なく、労力がかからない合理的な農業だった。また、耕作地を個人所有するという概念が存在せず、土地は皆が順番で使用するコミュニティの共有物として考えられた。今は水利のよい谷間で平野部のような水稲栽培も行われるようになったが、焼畑農業は現在もこの地域で広く行われている。

ミャンマー・アラカン地域時代から17世紀まで

この地域の歴史に関わる文献は少なく、研究も十分でない。文献は、ムガール帝国の影響が大きくなった頃から徐々に増え、東インド会社による植民地時代、イギリス領インド帝国時代になるにしたがってさらに増えていく。

チッタゴン港やその後背地であるチッタゴン丘陵の支配権は、6世紀頃からアラカン地域（現在のミャンマー・ラカイン州のあたり）の王国とトリプラ地域（現在のインド・トリプラ州）の王国の支配をめぐる綱引きの中で、常に揺れ動いていた。この地域で早くから力をもつチャクマは元々チッタゴン丘陵に定住していたのではなく、インドのビハール地域からアラカン討伐のために南下し、その後アラカン地域の北部を拠点として、アラカンの王国と一定の関係をもつ存在だったと推定されている。アラカン王国の記述の中には、チャクマを登用し地元の女性と結婚させるという記述もあれば、力をつけてきたので討伐する、といった相反する処遇の記述が見られる（Talukder 2006：40）。また、ミャンマー・ラカイン州に住む民族ダインネット（Daingnet）はチャクマと同じ言語と文化を有しており、おそらくこの頃の末裔と思われる。

12世紀頃になると、ダッカを中心としたイスラム教徒のスルタン（大公）の勢力がこの地域にも影響を及ぼすようになる。チャクマはこうしたスルタンともつながり、勢力を拡大しようとしていた（Government of Bangladesh 1971：33-34）。

例えば、ベンガル地域の統治者であったスルタン・ファクルディン・ムバラク・シャー（Sultan Fakhruddin Mubarak Shah，治世１３３８～49）はチッタゴン沿岸部と丘陵地域を初めて征服している。その後、この地域は、アラカン王に奪還されたが、１５１６年には、ベンガルの統治者だったアラウディン・フサイン・シャー（Alauddin Husain Shah，治世１４９４～１５１９）が、アラカンの王からチッタゴンの領土を一時期取り戻している（Government of Bangladesh 1971：25）。おそらくダッカを中心に活動したベンガル地域の統治者たちは、遠隔地であるここへの影響力を強めつつも、安定的に統治をするまでに至っていなかったようである。

ムガール帝国支配の時代（１６６５～１７６０年）

１６６５年11月、ムガール帝国のベンガル太守は、通商の機会とそのための土地を与えることを条件に、アラカン王国との戦争にポルトガル人を参戦させた。この同盟軍はベンガル湾のションディップ（Sandwip）島を占領し、同年12月にはチッタゴン港を襲撃。翌年この地域はムガール帝国の支配下に落ちた。その後アラカン王国は二度とこの地域を取り戻すことはできなかった（Khan 1999：27-28）。１７１１年にはチュンダン・カーン（Chundan Khan）がチッタゴン丘陵の最初のチャクマの王となり、それをアラカン王国も認めたと言う（Talukder 2006：42）。

アラカン王国からムガール帝国の支配下に移っていく中で、チャクマたちは自分たちの政治的地位を確立していったと思われる。チャクマの王の名前にも「Khan」といったイスラム系の名前を使った例[7]があることからも、ベンガル人との交流も盛んだったと推定できる。この地域のモンゴロイド系の人々の使用言語はチベット・ビルマ語系にもかかわらず、チャクマがインド・アーリア系言語を話す理由の一つとして、この時期のムガール帝国との密接な交流関係があったのではないかと推測される。こうしたつながりが、チャクマの政治的地位を強くさせていったのかもしれない。

東インド会社、イギリス領インド帝国時代(1760〜1947年)

1757年、イギリス東インド会社(以下、東インド会社)は「プラッシーの戦い」でムガール帝国のベンガル太守とフランス東インド会社の同盟軍に勝利し、東インド会社はベンガル地域の統治者となった。

東インド会社は1760年にベンガル太守のナワブ・ミル・カシム(Nawab Mir Kasim)と協定を結び、チッタゴン丘陵の統治権も取得した。この地域の伝統的なヘッドマン(Headman)[8]のシステムを活かし、綿による徴税が定着し、彼らの統治の権限も拡大された(Government of Bangladesh 1971：28)。

１７６３年、東インド会社の代表であったヘンリー・ヴェルレスト（Henry Verlest）は、フェニ川からサング川そしてナジンプール・ロード（現在の Dhaka Chittagong Road）からクキ王の支配地域（現在のインド・ミゾラム地域）までのチャクマ王の統治権を認めた。１７７７年にチャクマ王は東インド会社への納税を拒否し、戦争に発展したこともあったが、10年に及ぶ戦争の後、１７８７年にカルカッタで和平協定が結ばれ、綿による納税を再開した（Mizoram Chakma Development Forum 2010：13–14）。

チャクマらと東インド会社との関係はその後良好に進んだ。１８５７年のインド大反乱を契機に、イギリス政府は東インド会社を解散し、インド統治法を成立させて直接統治を始め、同時にムガール帝国は実質的に消滅した。そして１８６０年に新しい統治法が始まり、イギリス政府はチッタゴン丘陵の徴税と統治を3つの民族の長に任せた[9]。チャクマは一番の穀倉地帯であるランガマティ地域の統治責任者としてこの地域の主導的な地位を確立する。

19世紀後半頃から、チッタゴン丘陵にもベンガル人の季節労働者や商人の出入りが増え、勝手に移住するケースも増えてきていた。そのためイギリス政府はこの地域のベンガル人の勢力をけん制するため、１９００年にチッタゴン丘陵制令[10]を制定し、この地域を3つの県（District）に昇格させ、チャクマを含む3つの部族の王の徴税や統治権を明確にし、ベンガル人の居住や土地の売買などを禁止した。これは当時のイギリスの分割統治の方針を反映したものだが、この１９００年のチッタゴン丘陵制令が、その後もエスニック・マイノリティの人々の自治意識の統治システムはその法的地位が維持されていた。

の原型となっていった。１９３５年に新たに成立したインド統治法でも、このチッタゴン丘陵

インドとバングラデシュのエスニック・マイノリティ政策の違い

イギリス領インド帝国は、１９４７年の独立前には５００を超える藩王国、１０００を超える言語が存在しており、これを一つの国家として誕生させることは、極めて困難な作業だった。さらに第2の民族的マジョリティであったイスラム教徒は、最大マジョリティであるヒンドゥー教徒との共存を嫌がり、独立国家を模索する動きを始めた。ムハンマド・アリー・ジンナーを指導者とする全インド・ムスリム連盟は40年のラホール決議で「二民族論」を唱え分離独立を主張し、最終的に47年8月14日にパキスタン、15日にインドが、別々の国として誕生することになった。インドとパキスタンの国境線をめぐる交渉は最後まで難航し、暴動や襲撃事件が多発し凄惨を極めた。そのパキスタンとインドの国境線のあり方をめぐる争いの舞台となったパンジャーブ州、そしてチッタゴン丘陵にはその後も大きな紛争の火種が残り続けた。

インドは、連邦制を基本として、各州に自治や立法の権限を大きくもたせる多民族共存の道を選んだ。特にモンゴロイド系の人々が密集していた北東インドは、分離独立を主張する地域が多数あり、紛争の火種となっていた。そのため、イギリスの提案を受けて「基本権、少数派、

部族及び隔離地域に関する諮問委員会」の中の「北東辺境部族及び隔離地域小委員会」（ボルドロイ小委員会）が１９４７年に設置され、委員長にアッサム州の首相ボルドロイが就任した。諮問委員会に提出された提案内容は、県議会または地域議会を設置し、土地の所有と利用に関する立法権や焼畑農業の廃止、習慣法の継続や軽度の刑事犯罪の司法、小学校・保健所などの運営や管轄、徴税権、貸金業の規制、鉱物資源の管理をさせるべきとした。この提案は、インド憲法の第6付則の第10編「指定地域及び部族地域」第２４４条2項、第12編第２７５条１項で明記された。

州の副長官は、指定部族が居住している地域を分割し、公示により地域議会とすることができ、またその地域に異なった指定部族が居住している場合は、さらにこれを分割し、地域議会とすることができる。地域議会の設置は中央政府が行う場合と州政府が行うものがある。インドでは地域議会は現在12か所存在するが、北東インドに10か所と集中している。民族的マイノリティに一定の自治権を与え、分離独立の動きを弱め、平和維持を優先する政策として進められたのである。

その一方で、バングラデシュは１９４７年に東パキスタンとして独立し、71年にはパキスタンと袂を分かち、バングラデシュに生まれ変わる。現在はベンガル語を話すインド・アーリア系のベンガル人が人口の99％を占め、9割がイスラム教徒と、アジアの中では珍しく国民の同一性が高い国である。そのため、インドのようなエスニック・マイノリティに自治権を付与する政策は確立しなかったばかりか、真逆の方向に政策が進んでいった。武力闘争を選んだチッタゴン丘陵のエスニック・マイノリティの人々は、和平協定の中で一定の自治を得たのであるが、多くの問題を抱える状態になっている。これは第4章で説明していきたい。

このように、インドとバングラデシュでは、エスニック・マイノリティの対応をめぐって、対照的な方向に進んでいった。東パキスタン独立以後のエスニック・マイノリティ政策の実態を次に見ていきたい。

最初に「開発」がやってきた――カプタイダム建設の功罪

独立当時、チッタゴン丘陵に住むエスニック・マイノリティのリーダーの多くは、パキスタンでなくインドまたはミャンマー（当時はビルマ）への帰属を望み、独立前にインドのネルーとも交渉したが、最終的に東パキスタンに編入されることになる。独立日に、インドやミャンマーの旗を挙げて反発心を表す者もいた。こうした独立前後のエスニック・マイノリティの人々の一連の動きは、東パキスタン政府からは「獅子身中の虫」として映っていた。そのため、人口の2％に満たないエスニック・マイノリティに対する不寛容な姿勢は際立っていった。

それを予測させる動きとしてまず、1948年にチッタゴン丘陵の警察組織の廃止が行われた。これは1888年のイギリス領インド帝国時代の制度で、チッタゴン丘陵の警察は地元の

写真2－1　チッタゴン丘陵の警察官とベンガル人

(撮影)ジュマ・ネット。

エスニック・マイノリティの人々によって構成されていた。改正により地元出身者が同地域の警察官になれなくなり、彼らは他の地域に異動させられた[11]。

１９５８年には１９００年チッタゴン丘陵制令を無視して「チッタゴン丘陵土地収用法」を成立させ、国の土地や森林活用の権限を拡大したため、エスニック・マイノリティの人々の土地利用の制約が大きくなった。これによって、59年に政府が推奨したゴム・プランテーションは、69年にはチッタゴン丘陵の土地4万エーカーにまで広げられ、これがエスニック・マイノリティの人々の伝統的な焼畑農業を圧迫し、不満を高める一因となった(Nayak 2015 : 9)。また59年から、平野部の統治システムであるユニオン議会制度[12]をこの地域にも導入し、イギリス植民地時代に発展した徴税・統治システムであるカルバリ、ヘッドマンの影響力が弱まっていった(Dewan 1990：180–181)。

そして1963年に改定されたパキスタン憲法では、チッタゴン丘陵は単に「部族地域」とだけ規定され、1900年チッタゴン丘陵制令にあった自治権は憲法に継承されなかった。新憲法の施行により、チッタゴン丘陵への入域と居住に制約がなくなり、ムスリム・ベンガル人のチッタゴン丘陵の都市部や商業地区への流入が増えることになった(Dewan 1990：182)。多くのムスリム・ベンガル人は商業地域に移住したため、ビジネス領域は彼らの支配力が強くなっていった。

カプタイダムの建設と非自主的移住はどのように進んだのか

このように、東パキスタン時代、エスニック・マイノリティの伝統的な統治システムを軽視した政策が徐々に進んだ。チッタゴン丘陵で行われた政策で最大のダメージを与えたものは、カプタイダムの建設だった。これがその後の紛争の火種になったと言っても過言ではない。

この頃、冷戦構造の中で自分たちの陣営に引き寄せる外交ツールとしての有効性から、国際協力が先進国の新たな政策として注目されていた。その結果、東パキスタンにも開発支援資金が入り込むようになり、工業化が進められていったが、その一つとして、豊かな自然資源が残

図２－３　カプタイ湖とカプタイダム

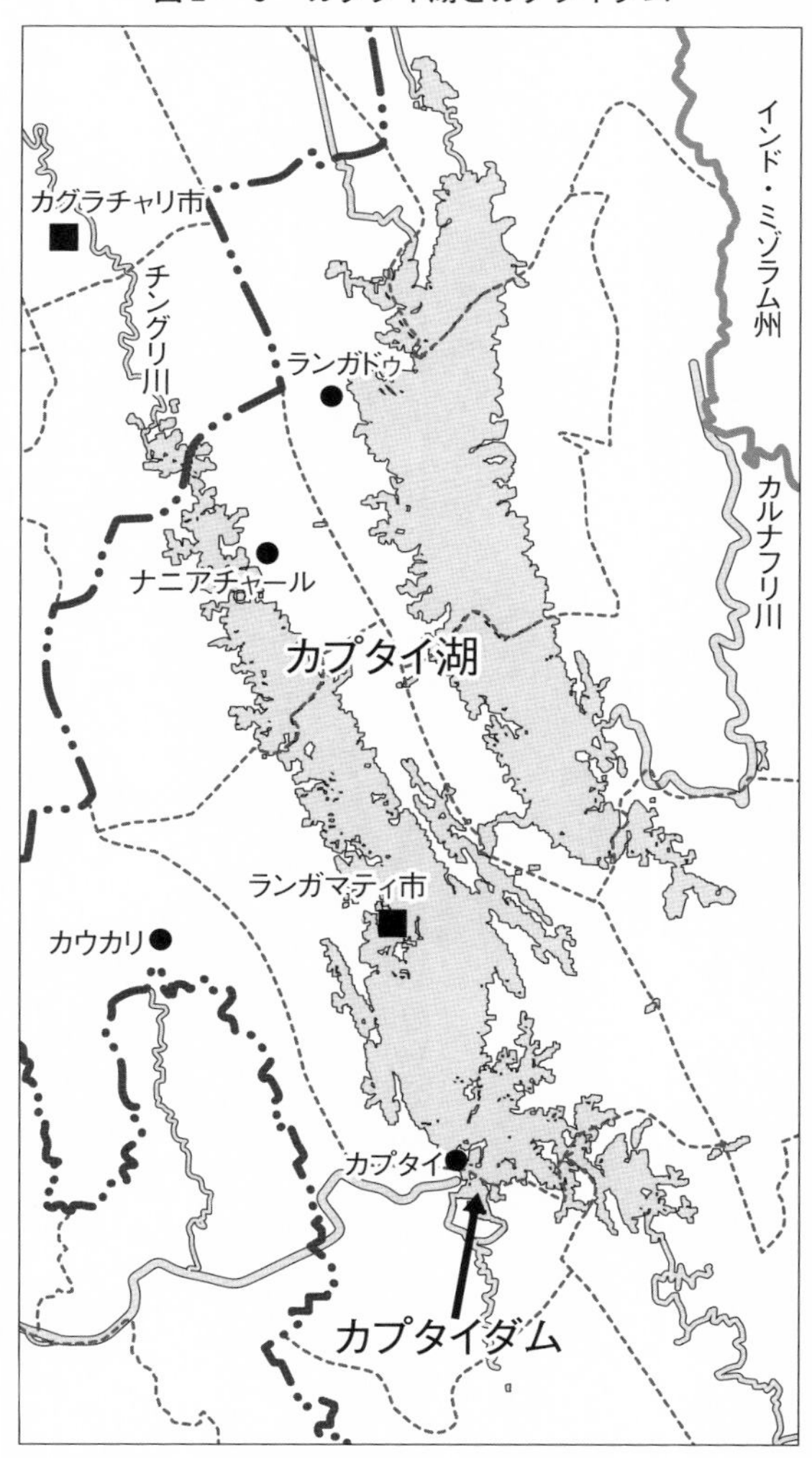

（出典）バングラデシュ地方行政技術局（LGED）の資料をもとに筆者作成。

るチッタゴン丘陵が選ばれた。カルナフリ川流域で、カプタイダム、カルナフリ製紙工場、カルナフリ・レーヨン化学工場、たばことマッチ工場、森林工業開発プロジェクト、材木工場など、チッタゴン丘陵の天然資源を活用する大型開発事業が複合的に進められることになった(Dewan 1990：178)。このようにチッタゴン丘陵に残されていた豊富な自然は、国家の開発資源として見直され、利用されていった。その中で、チッタゴン丘陵の広大な土地を喪失させたカプタイダムは、チッタゴン丘陵のエスニック・マイノリティの人々の力を削ぐ決定打になっただけでなく、バングラデシュ独立後に始まるチッタゴン丘陵紛争の原因の一つとなったのである。さらに深刻なのは、国外移住を余儀なくされた6万～7万人近い開発難民が発生したこと、そしてその一部はいまだにインドで市民権を取得できていないことだ。

カプタイダムとは

ダム建設を目的としたカルナフリ川の開発可能性調査は、1923年にグリーブ(Greave)、46年に技術者のムーア(E. A. Moore)らが行っている。50年には、土木技術者メルス・レンダル・バッテン(Merz Rendal Vatten)がカプタイ上流のバルカル(Barkal)郡チラック・ダック(Chilak Dhak)にダム建設を提案していたという記録がある。そして、51年にパキスタンの政府主任技術者カウジャ・アズムウッディン(Khawja Azimuddin)がランガマティ市から45㎞の地点のところをダム建設現場として決め、本格的な調査が始まった。ダムの目的は、①発電、②灌漑と排水管理、③洪水対策、④河川の流水管理、⑤森林の養育であった（Ullah 1995：16–17）。そして、約4億9000万ルピーの予算をかけたカプタイダム建設工事が、57年にチッタゴン丘陵ランガマティ盆地で始まった。資金の提供者はアメリカ政府だった。

広さは655㎢、全貯水容量は約54億㎥で、5万4000エーカーの耕作地（ランガマティ県の耕作地の約4割）、90マイルの公道、10平方マイルの森林が水の下に沈むことになった。工事による非自発的移住者は約1万8000世帯、10万人（約70％がチャクマ）[13]であった。移住者の多くはチャクマだったが、千人のマルマ、[14]8千人のベンガル人が含まれていたとされる（Nayak 2015：5, Zaman 1982：77）。1951年の東パキスタンのセンサスでは、チッタゴン丘陵の人口は28万7247人（うちエスニック・マイノリティの人口は26万9177人で93・7％）だったことを考えると、このダム建設がエスニック・マイノリティ社会にとっていかに壊滅的であったか推測できる。

東パキスタン政府は移転補償のための予算として約6000万ドル用意していた。しかし、実際は2600万ドルしか支出されていない（Chakma 2020）。移転と補償を優先されたのはベンガル人住民で、それ以外への作業は極めて緩慢で、政府は「部族（エスニック・マイノリティ）らは移動性が高いので対応が困難」とし、補償作業はその後停止された（Sopher 1963：349–362）。**表2—2**からわかるが、最終的に約1万8000世帯の移転対象世帯のうち、代替地を与えられたのはたったの4938世帯だった。水没した5万4000エーカーに対して代替地2万4

表2－2　カプタイダムの移住対象者に与えられた代替地

代替地の地名	提供された土地		代替地に移動した世帯	
	エーカー	%	世帯数	%
カサロング(Kasalong)	10,000	40.4	2,870	58.1
チェンギ(Chengi)谷	3,903	15.7	1,405	28.4
ミャニ(Myani)谷	1,287	5.2	99	2.0
フェニ(Feni)谷とラムガ(Ramgarh)	3,057	12.3	―	―
サーキュム・ラングニア(Circum-Rangnia)	747	3.0	200	4.1
カマフリィ・サング河間(Kamafully-Sangu Interfluve)	374	1.5	183	3.7
サングとマタムハリ(Sangu & Matamuhari)谷	5,433	21.9	181	3.7
合　計	24,801	100.0	4,938	100.0

(出 典) Sopher (1963) Population Dislocation in the Chittagong Hills, *The Geographical Review*, Jul. Vol. 53, Np. 3, p. 355.

801エーカーが、約27%の世帯に提供されたが、残り約73%の世帯[15]は国内外の開発難民となっていったことになる。また耕作地の代替として丘陵の傾斜地が与えられても、すぐに使用が難しい場合も多かった。金銭による補償も少なく、通常1haあたり5000タカ[16]する土地も、500~700タカ程度にしかならなかった(Nayak 2015：6)。

移転の代替地では、カサロング(Kasalong)復興地域のよい農地は優先的にムスリム・ベンガル人に与えられ、エスニック・マイノリティの人々には十分な補償が与えられなかった(Dewan 1990：184)。またエスニック・マイノリティの中でもカサロングに代替地を得たのはチャクマだけで、人口の少ないエスニック・マイノリティは無視された(Ullah 1995：6)。

カプタイダムは当時の国内電力の５％にあたる発電量を生産したが、それらはチッタゴン丘陵に使われることはなかった。またプロジェクトで採用されたエスニック・マイノリティは雇用者全体の１％だった。カルナフリ製紙工場の６０００人の雇用者の中でエスニック・マイノリティの雇用者はたったの40人である(Nayak 2015：7, Arens 1997：1812, Roy 2000：102)。

しかし、エスニック・マイノリティ側の抵抗活動が全くなかったわけではなかった。カプタイダムの建設が公表された後、チャクマ首長のトリデブ・ロイ(Tridev Roy)と東パキスタン国会議員のカミニ・モハン・デワン(Kamini Mohan Dewan)らは、カプタイダムに対する抗議の声を上げている。学生運動のリーダーだったマナベンドラ・ナラヤン・ラルマ(Manabendra Narayan Larma)とビノイ・カンティ・キシャ(Binoy Kanti Khisha)は、ダムが与える問題をまとめたブックレットを１９６３年2月に配布し、反対運動を組織しようとしたところ警察に逮捕・投獄され、65年3月に釈放された。当時、軍事クーデターで政権を樹立したアユブ・カーン(Ayub Khan)大統領の強硬な政治姿勢のため、こうした抗議の声や抵抗運動は封じ込まれてしまった。このような状況下、ジュマの権利を守る活動グループであるチッタゴン丘陵福祉協会が66年に組織された。後にこのグループは、抵抗運動の中心的な組織であるチッタゴン丘陵人民連帯協会(Parbatya Chattagram Jana Samhati Samiti：以下、ＰＣＪＳＳ)となっていく(Nayak 2015：7, Chakma 2020：2)。

冠水時のエスニック・マイノリティの人々の絶望

この章の冒頭に出したウッラの記録を見ていく。この記録から当時の様子が細かく伝わってくる。まず、この記録によるとカプタイダムが冠水するまでに2年近くかかっている。政府の技術者たちは、チャクマ首長やヘッドマンらに、いずれ冠水が始まることは伝えていたが、どの地域がいつ沈むのか詳細な連絡はなかった。数日前に突然ラウドスピーカーで、水が入ることが告げられ、住民たちは準備する間もなく立ち退かなければならなかった。村長らに冠水を待ってもらうように相談してもうまく対応できず、日に日に水位が上がる中、住民たちは家財道具や家畜を持ち出し、移動するしかなかった。そして、多くのジュマの人々の財産は水の下に沈んでいった(Ullah 1995：20–21)。

この記録の中で、チャル・ビカース・チャクマ(Charu Bikash Chakma 取材当時65歳)は「政府の人が立ち退くように伝えてきても、移転先や補償は何もなかった。湖の水がどのくらいまで来るのかもわからなかった。浸水が始まって自分の土地が沈み始めたので、とりあえず少し高いところに移動したが、やがてその場所も水が来て、最後には祖先からの土地を離れなければならなかった」「移動後、衛生環境が悪くなった。飲み水もなければ、トイレもない。仕方なく川の水を飲んでいた」(Ullah 1995：22)と、突然の冠水ゆえに対処の時間がないこと、移動先の衛生環境の問題を伝えている。

政府が割り当てた移転用の一部の土地も、予想と異なり水に浸かるようになった。とりあえず国内の他の場所に移住した人々も国外への移住を始めるようになった。政府は国外に移動するジュマの人々の動きが外交上の問題になると警戒していたため、家の灯をつけたままにし、何もないかのように装い脱出した者もいたという（Ullah 1995：19）。

当時の土地の補償金は、耕作地が１エーカー250タカ、住居の土地が１エーカー400タカとされていた。しかし、エスニック・マイノリティの人々の多くが、耕作地と家屋用の土地の区別をつけていなかったため、家屋の土地と木々の補償代だけを受け取っていた。移転の対象者は、10年間の食料配給を受けることが誓約されていたが、これは実現されることはなかった。そのため多くの移転者は、わずかな補償金を４、５か月ほどで使い果たし、早々に生活苦に直面した（Ullah 1995：43-45）。このように村に残った者、あきらめて国外に逃れた者、賄賂を払って代替地を求めた者など、一つの村の中にも選択が多様に存在したと言う。

約10万人の移転住民のうち、確実な代替地が与えられたのは、27％程度だったことを考えると、約７万人強の人々は、国内避難民か国外避難民となっていったと思われる。国内避難民の場合は、Dewan（1990）、Ullah（1995）が示したように近隣の高台に移動したり、親族を頼って移住していったものと思われる。国外に逃れた人々の数は様々な記録があるが、約４万人がインドに、約２万人がミャンマーに逃れたという記述（Samad 1998：1）や、約３万人がインド・ミゾラム州へ、約２万人がミャンマーのラカイン州に徒歩で移住したとも言われ（Hazarika 1996）、B. Khisa によると、52％がカプタイ湖周辺に移住し、29％がカサロングの代替地に、14%がチェンギ谷やミャニ谷へ、そして5%は丘陵内のどこかとする記述もある(Khisa 2007：4)。ウッラ(Ullah)の聞き取りによると、1964年に4万人のチャクマがインドに渡ったが、インドはこれらの開発難民のリハビリ事業を「クルナ(慈悲)作戦」と呼び、ミゾラム州が受け入れを拒んだため、アルナチャル・プラデシュ(Arunachal Pradesh)州に移動させたという(Ullah 1995：24-25)。正確な数字の把握は難しいが、数万人にも及ぶ数の開発難民が国外に出た事実は重い。

アルナチャル・プラデシュ州のチャクマ

アルナチャル・プラデシュ州は約138万人の人口を抱え、人口密度は1㎢あたり17人とインドで一番人口密度が低い地域である[17]。カプタイダム建設で大量にインドに避難した開発難民(ほとんどがチャクマであったが)は、最終的にアルナチャル・プラデシュ州に移住したと言われている。

当時のインドの復興支援大臣マハビール・ティヤギ(Mahavir Tyagi)によれば、インド・トリプラ州に流れ込んできたチャクマ開発難民に対して州政府は負担を感じていたため、ビハール州に定住させようとしたが、チャクマの多くは気候が合わないなどとして応じなかった。最終的には人口密度の低い北東辺境地区(現在のアルナチャル・プラデシュ州)に移住させることを決定した。ビハール州のガヤ(Gaya)に移住していたチャクマ難民も北東辺境地区に1968年に移住させられることになった(Prasad 2007 : 1374-1375, Pulu 2014 : 23-24)。また72年にも、ビハール州に一度連れていかれたチャクマが北東辺境地区に連れ戻された。この時のチャクマは1967世帯、1万6000人だった(Varghese & Athparia 2019 : 48)。

最終的に、1964~69年にかけて、チャクマとハジョン[18]2748世帯(1万4888人)が(Pulu 2014 : 26)、3~5エーカーの耕作地を含む5~10エーカーの土地を家族の規模に応じて与えられ、生活を始めた。代替地を与えられなかった人々の数は約7万人近くあったとすると、北東辺境地区に移動した人々の数は決して多くない。推定するしかないが、残りの5万人以上の人々は、国内避難民として移住、インド・トリプラ州、ミゾラム州に移住、ミャンマー・ラカイン州に避難したとやはり考えられる。

北東辺境地区は1972年に、連邦直轄領(Union Territory)に統治が変わり、87年には正式にアルナチャル・プラデシュ州に格上げされ、自治意識が徐々に醸成されるようになった。一方で、人口増加が際立っていたチャクマらに対して旧住民らの間に不安が高まっていった。**表2—3**はアルナチャル・プラデシュ州のチャクマの人口増加の推移である。州全体の増加率から見ても、チャクマの増加率が大きいのがわかる。小さいエスニック・マイノリティがひしめくアルナチャル・プラデシュでチャクマがインド市民権を獲得した場合、州の政治構造が変わる可能性がこれからわかる。

表2－3　アルナチャル・プラデシュ州のチャクマの人口推移

	チャクマ人口	アルナチャル・プラデシュ州の人口
1969年	14,888(a)	
1971年		467,511
1979年	21,494(b)	
1981年	24,083	631,839
1991年	30,062	864,558
2001年	42,407	1,097,968
2011年	49,784	1,383,727
	1969～2011年の増加率3.34倍	1971～2011年の増加率2.96倍

(出典)センサスとアルナチャル・プラデシュ州のデータによる。(a)(b)は州政府の数字。

１９７９年、アルナチャル・プラデシュ州で行われた地区議会の選挙期間中に、アルナチャル人民党が、チャクマやハジョンがこの地域に長期居住することは違法との抗議声明を初めて出した(Ghoshal 2018：269, Singh 2010：84)。80年になるとチャクマ・ハジョン難民の排斥活動が州内で活発になる。特に学生団体である全アルナチャル・プラデシュ学生同盟(以下、学生同盟)がチャクマ・ハジョンらに対して排斥的な姿勢を示すようになり、85～86年には激しい排斥運動を繰り広げた。91年、チャクマら有志によって、自分たちの市民権を要望していくためデリーを拠点とするＣＣＲＣＡＰ(Committee for Citizenship Rights of the Chakma of Arunachal Pradesh：アルナチャル・プラデシュ・チャクマ市民権委員会)が組織された(Singh 2010：95)。

１９９２年12月、アルナチャル・プラデシュ州のクディラム・チャクマ(Khudiram Chakma)が土地の所有権をめぐってグワハティ高等裁判所に訴えていた裁判で、チャクマらは外国人であり、州からの立ち退きを求めることを可能とした。上告したものの、93年の最高裁の判決も同様だった。95年に学生同盟の排斥運動はピークに達し、一触即発の事態となった。こうした膠着した状況の中、9月と10月に、ＣＣＲＣＡＰが国家人権委員会[19]（National Human Rights Commission：ＮＨＲＣ）に人権的視点から問題を見直すよう陳情を提出した（Prasad 2006：480）。最終的に国家人権委員会がこれらの陳情を受け、最高裁に対して異議を申し立てることになり、事態は沈静化していった。

そして、１９９９年から２００２年にかけて、４７０２人のチャクマがインド市民権を申請、結果的に１７０４人が市民権を取得した（CCRCHAP 2012：10）。また、00年にインド選挙委員会が選挙リストの更新を行い、１４９７人のチャクマがリストに登録され、09年の選挙の際は、１万４０００人が選挙リスト登録を申請し、１７４０人がリストに加えられた（Singh 2010：104）。地滑り的に、チャクマ・ハジョンらの市民権、また選挙リストへの登録が進み、アルナチャル・プラデシュ州政府の15～16年の調査では、チャクマ・ハジョンの人口は6万４８７５人で、５０９７人が選挙権をもっていると発表している（The New India Express 2021-1-11）。

ダム建設に伴う住民移転のあり方が十分整備されていなかった１９５０年代に、アメリカの援助で東パキスタンに建設されたカプタイダムによって、約10万人の開発難民が発生し、住民の意思の確認や、その補償も十分行われず、約6万～7万人のエスニック・マイノリティの人々が住居を追われ、国内またはインドへ避難することになった。これだけ規模が大きく長い時間、しかも2つの国にまたがって発生したケースは珍しい。しかし、事業を実施したバングラデシュ政府(当時は東パキスタン政府)もアメリカ合衆国国際開発庁も、この件については一言も触れておらず、沈黙を守っている。

カプタイダムの悲劇が、エスニック・マイノリティの人々の大きな不信感として残り、バングラデシュ独立後も尾を引くことになる。

---

(1) Bara Parangは、チャクマ語でGreat Exodus(大脱出)という意味。

(2) シャカ・ホフォン(Saka Hophon)と言われる山で、バンダルバン県のミャンマー国境近くのタンチー郡にある。

(3) チャクマの起源については伝承による様々な言説や推測が語られている。例えば、チャクマ社会で古くから伝わっているゲングリ(gengli)という歌い手のパラガオン(palagaans:オペラ)の中に出てくる物語である(Sugata 2007:38)。ビハール州のチャンパクナガール(Champaknagar)のシャカ族の末裔で、ビジョイギリ(Bijoybiri)という王がアラカンに遠征した際、留守中に弟のサマルギリ(Samargiri)が王位を継いだというニュースを聞き、戻ることを断念してアラカンの女性と結婚し、定住化していったという言い伝えである(Lianchhinga 1996:5-6, Talukder 2006:16-17)。その時期を7世紀と推定するものもある(Talukder 2006:37)。

(4) この3つのエスニック・マイノリティはミャンマー側にも同じグループがいる。

(5) 2022年に発生したバンダルバン県のKNA(クキ・チン国民戦線)の反乱に対する軍の厳しい取り締まりに対して1万人近い難民が発生したが、これらの人々はミャンマーではなくインド・ミゾラム州に避難したことからも、関係性が深いと推測される。

（6）1984年に当時19歳のマンレイ・ムルによって始められた宗教で、ムルの社会で2番目に信仰されている宗教。レユン・キティ（「善の倫理」）は信仰のための聖書で、ヒンドゥー教、キリスト教、仏教の教えに基づき作られている。マンレイ・ムルは同時に、ムル語の文字も発明したが、約1年ほどで自分の修行のためと旅立ち、行方がわかっていない。

（7）Rattan Khan（1673～不明）、Jalal Kahn（1715～25）、Shermust Khan（1737～58）などの例がある。(Md. Ashrafuzzaman（2014）*The Tragedy of the Chittagong Hill Tracts in Bangladesh : Land Rights of Indigenous People*, p. 35)

（8）ヘッドマンは複数のカルバリ（村長）を束ね、首長（ラジャ）の納税の補助をし、必要に応じて、簡易な村裁判などの取りまとめをしていた。

（9）現在のカグラチャリ県をマルマ、ランガマティ県をチャクマ、バンダルバン県をボモン（Bohmong）の首長にそれぞれ徴税と統治を任せた。

（10）英語で“Chittagong Hill Tracts Regulation 1900”と言い、これまでの様々な政令をまとめ、よりエスニック・マイノリティの人々の権限を強化したもので、「チッタゴン丘陵マニュアル」と現地では呼ばれている。徴税や司法の権利、事業の監督権、武器・ドラッグ・酒の管理と規制、警察の配置、平野部のベンガル人の居住や土地の購入の制約など、エスニック・マイノリティの独自の社会と文化の保護、そのための自治を保障する内容になっている。

（11）警察官が全員ベンガル人になったため、チッタゴン丘陵で発生する様々な刑事事件、暴力事件をめぐって、エスニック・マイノリティに不公平、抑圧的な態度をとることで、エスニック・マイノリティ住民にとって不利な状況が生まれやすくなり、治安上も大きな不安要因となった。

（12）1971年のバングラデシュ独立後、植民地時代から村レベルにあった徴税システムとしてのユニオン議会がユニオン・パンチャヤット(Union Panchayats)と改名され、任命された行政官が業務に就いた。73年に名称がユニオン議会(Union Parshad)に変更され、76年の地方政府令によって選挙で選ばれた議長、9人の議員、2人の指名された女性議員、2人の貧農代表議員から構成されるようになった。83年、２００９年の改正後は、議員議長1人、議員9人、女性議員3人で構成されている。全国に４０００以上のユニオン議会がある。

(13) Zaman(１９８２)、Sopher(１９６３)らによると90%としている。

(14) ミャンマー・ラカイン州を起源とする民族で、チッタゴン丘陵では2番目に人口が多い。

(15) 対象から外れた世帯が約1万3千世帯なので、1世帯５・５人と推定すると、約７万１５００人となる。

(16) 1タカは約１・３円(２０２３年9月現在)。

(17) Census of India 2011.

(18) ハジョン(Hajong)は、インドの指定部族の一つ。１９６４年にインドのジャムとカシミールのハズラットバル神殿からマハメッド預言者の毛髪が盗まれたことへの報復として、東パキスタンでヒンドゥー教徒に対する集団襲撃・殺害が発生し、その際にマイメンシン地区にいる多くのハジョンがインド・メガラヤ州に避難していた。

(19) １９９３年10月12日の人権保護法に基づいて設置された政府や裁判所から独立した組織で、93年のパリ原則に基づいて人権や難民の権利の侵害等に関わる事項を政府に提案や勧告ができる。

〈参考文献〉

Arens, J.(1997) Winning Hearts and Minds : Foreign Aid and Militarisation in the Chittagong Hill Tracts, *Economic and Political Weekly*, Jul. 19-25, 1997, Vol 32, No. 29 : 1811-1819.

CCRCHAP(Committee for Citizenship Rights of the Chakmas & Hajongs of Arunachal Pradesh)(2012) *Summary*

Chakma & Hajong Poplulation Survey Report 2012.

Chakma, M. K. (2020) *Kaptai Dam and Indigenous Jumma Peoples in CHT, Bangladesh,* Parbatya Chattagram Jana Samhati Samiti. https://www.pcjss.org/kaptai-dam/

Dewan, A. K. (1990) *Class and Ethnicity in the Hills of Bangladesh* (PH. D. dissertation, University of the Mcgill).

Ghoshal, A. (2018) Stalelessness or Permanent Rehabilitation : Issues Relating to the Chakmas of Chittagong Hill Tract in Arunachal Pradesh and Tripura, *Marginalities in India-Themes and Perspecrtives*, Asmita Bhattacharyya and Sudeep Basu (eds.), Springer Nature Singapore Pte Ltd. : 263-277.

Government of Bangladesh (1971) *Bangladesh District Gazetteers : Chittagong Hill-Tracts*, Ishaq, Muhammad (eds.).

Hazarika, S. (1996) Refugees Within, Refugees Without, *HIMAL SOUTHASIAN*. https://www.himalmag.com/refugees-within-refugees-without/

Khan, Abdul M. (1999) *The Maghs : A Buddhist Community in Bangladesh*, The University Press Limited.

Khisa, B. B., Chakma, B., Chakma, S. (2007) *Conflict into Opportunities : Towards Forest Governance in Chittagong Hill Tracts (A Case study from Bangladesh).*

Lianchhinga, Fanai (1996) *The Chakmas and their Religious beliefs and Practices*, Thesis for the Degree of Doctor of Philosophy.

Mizoram Chakma Development Forum (2010) *The Chakma Voice :* Vol II, IssueNp4, Paritosh Chakma (eds.).

Nayak, A. K. (2015) Development Induced Displacement and Arms Conflicts in Bangladesh, *Conflict Studies Quarterly*, Issue11-April : 3-23.

Prasad, C.

(2006) Migration and the Question of Citizenship : People of Chittagong Hill Tract in Arunachal Pradesh, *The Indian Journal of Political Science*, July-Sept, Vol. 67, Np. 3 : 471-490.

(2007) Students' Movements in Arunachal Pradesh and the Chakma-Hajong Refugee Problem, *Economic & Political Weekly*, Vol. 42, Issue No. 15, 14 Apr : 1373-1379.

Pulu, A. (2014) *Chakma Refugees in India : A Case Study of Arnachal Pradesh* (Ph. D. dissertation, University of Deemed University).

Roy, R. C. (2000) *Land Rights of the Indigenous Peoples of the Chittagong Hill Tracts, Bangladesh*, IWGIA.

Samad, S. (1998) Dams caused environmental refugees of the ethnic minorities in Chittagong Hill Tracts in Bangladesh, *report presented at the WCD Regional Consultation Meeting held in Sri Lanka*, 10-11 December.

Singh, D. K. (2010) *Stateless in South Asia : The Chakmas between Bangladesh and India* (*SAGE Studies on India's North East*), India : Sage Publication.

Sopher, D. E. (1963) Population Dislocation in the Chittagong Hills, *The Geographical Review*, Jul. Vol. 53, Np. 3 : 337-362.

Sugata Chakma (2007) "Chakma", *Cultural Survey of Bangladesh : Indigenous Community*, Vol. 5 : 36-83.

Talukder, Supriya (2006) *The Chakma Race*, Tribal Cultural Institute Rangamati.

The New India Express https://www.newindianexpress.com/nation/2020/jan/09/only-5097-of-65875-chakmas-and-hajongs-have-voting-rights-in-arunachal-2087293.html（２０２１年９月20日）

Ullah, M. et al (1995) *Bara Parang : The tale of the developmental refugees of the Chittagong Hill Tracts*, Center for Sustainable Development.

Varghese, J. & Athparia, R. P. (2019) Inclusion and Security : A Case of Arunachal Chakmas in India, *IOSR Journal of Humanities and Social Science*, Vol. 24, Issue 10, Series 1 : 47-53.

Zaman, M. Q. (1982) Crisis in Chittagong Hill Tracts-Ethnicity and Integration, *Economic and Political Weekly*, Vol. 17, No 3.

第3章

紛争直下のチッタゴン丘陵

和平交渉まで

オート三輪車

紛争に至る経緯

イギリスから独立した後、西パキスタンの東パキスタンに対する抑圧的、差別的な政治が始まり、1960年代後半になると西パキスタンに対する反政府運動が東パキスタン内で高まった。その後、70年12月に実施された普通選挙で、東パキスタンのムジブル・ラーマン率いるアワミ連盟が地滑り的勝利を収めたが、西パキスタン側がこれを認めず強硬な姿勢で臨んだため、ムジブル・ラーマンは71年3月26日にバングラデシュの独立を一方的に宣言し、東パキスタンは内戦状態に陥った。西パキスタンは徹底した武力鎮圧で対抗し、東パキスタン側は残った軍人と一般市民で構成される解放軍で交戦を続けた。西パキスタン軍は大量虐殺を各地で繰り返し、死者は9か月で300万人に達したと言われる。インド側に大量の難民が出たこともあり、インド軍が12月に正式に武力介入すると、西パキスタン軍はすぐに劣勢となり、71年12月16日に西パキスタン軍は撤退し、バングラデシュは独立を果たした。

チッタゴン丘陵の人々は、東パキスタン時代からイスラム教徒から誤解を受けることが多かった。当時チッタゴン丘陵のチャクマ首長であったトリデブ・ロイ(Tridev Roy)が、バングラデシュ独立前に西パキスタン側の政党から出馬し国会議員に当選したことも、そうした誤解を生んだ理由の一つだったかもしれない。独立戦争のさなかには、約5万人のベンガル人避難民がチッタゴン丘陵に流入し、エスニック・マイノリティの人々の土地を強制的に取り上げ、一部では殺人・放火・レイプ・寺院の破壊などの行為が発生した。また、1971年12月5日と14日に、東パキスタン解放軍が進軍してきて、略奪行為とともに200軒近い家が焼かれ、レイプや暴力を振るわれた者が多数出た。これは一方的にエスニック・マイノリティ社会を西パキスタン側の加担者と決めつけて発生したものだった(Aggavansa, Chakma 1981 : 3)。

東パキスタン時代にあったエスニック・マイノリティ軽視の姿勢が独立によって変わるのではないかと希望をもったエスニック・マイノリティのリーダーたち22人は、1972年2月にアワミ連盟の党首ムジブル・ラーマンと対面し、「1900年チッタゴン丘陵制令」の自治を復活させることを要望した。しかし、「ベンガル人になれ」と言われ、数分で会見は終了してしまった。

これに失望したエスニック・マイノリティのリーダーたちは、政治組織であるチッタゴン丘陵人民連帯協会(Parbatya Chattagram Jana Samhati Samiti : PCJSS)を1972年に設立し、一方で秘密裏に武装抵抗組織であるシャンティ・バヒニ(ベンガル語で「平和部隊」の意)を同年に組織して戦闘に備えた[1]。構成員の中核はチャクマで、それにトリプラ、マルマらが加わり、抵抗運動の基盤が形成されていった。

エスニック・マイノリティのリーダーらは、ムジブル・ラーマン大統領が1975年に暗殺された後のサエム大統領、76年にはジアウル・ラーマン大統領にも会見して自治の回復を訴えたが、よい返事はもらえなかった。一方、ムジブル・ラーマン死後のバングラデシュの政治体制に危機感を抱いたインドのインディラ・ガンジー首相は、チッタゴン丘陵の不穏な動きに目をつけ、76年にシャンティ・バヒニに武器と資金提供を約束した。インド国内での訓練に加え、トリプラ州の国境付近を避難地として提供し、バングラデシュ政府に揺さぶりをかけた(Hazarika 1989)。このことにより、シャンティ・バヒニの武力抵抗が確定的になっていった。

紛争と入植政策

インドの後押しを受け、シャンティ・バヒニは1977年から、ベンガル人入植者などを恐喝、誘拐する傍ら、軍や国境警備隊を対象にゲリラ戦を散発的に展開した。これに対してジアウル・ラーマン大統領は戒厳令を発令し、8万人までこの地域の軍隊を増員した(The Chittagong Hill Tracts Commission 1992 : 41)。さらに平野部の貧しいベンガル人農民に声をかけ、土地の提供・一時支援金・物資の提供などを約束してチッタゴン丘陵に送り込む入植政策を開始した。これは79～83年頃まで展開され、その数は40万人近くになったと言われている。

ベンガル人入植者の存在は、彼らを守るという軍の都合のよい口実となるだけでなく、この地域の民族の人口比率を変え、ベンガル人入植者自身も集団襲撃や殺害の実行者になるなど、複雑な政治構造を生み出し、憎しみを増幅させる装置となっていった。

シャンティ・バヒニは、日常的には一般住民を装い、突然の待ち伏せで軍への攻撃をゲリラ的に仕掛けていった。彼らを掃討するために、軍や国境警備隊などの治安部隊は強硬な捜索や報復活動を行い、少なくとも13回を超える大きな虐殺事件が発生し、エスニック・マイノリティの一般市民への不当逮捕、拷問、レイプ事件などが日常的に発生するようになった。

紛争と暴力の形

シャンティ・バヒニが武力活動を開始した1977年から、陸軍第24歩兵師団がチッタゴン丘陵の対応にあたるようになった。県庁所在地の3つの常設基地以外に、ディギナラ(Dighinala)市(カグラチャリ県)、アリカダム(Alikadam)市(バンダルバン県)、ルマ(Ruma)市(バンダルバン県)にも基地を設置しており、計6つの常駐基地[2]がある。これ以外に海軍の基地がカプタイ郡ダルヤチャリ(Dhalyachari)にあり、監視のために最大545の簡易キャンプが設置されていた。また、**表3―1**からもわかるが、これ以外にも国境警備隊(Bangladesh Rifles：BDR)、銃の所持を許可された民間人であるアンサル(Ansar)、武装警察隊(Armed Police Battalions：APBs)、自警団もあり、10万人を超える兵力がここに常駐していた。[3]そのため平野部に配属されている治安部隊は市民1750人に対して1人の兵士であるのに、チッタゴン丘陵は40

人に1人の兵士という、平野部の44倍近い異常な厳戒態勢がつくられていった(IWGIA 2012：46)。

また、特別軍事作戦として、Operation Dabanal(野火作戦)が1980年から開始された。これにより、軍の超法規的な捜査や尋問、拘留などが可能となり、時には地域の行政ルールを無視した活動も可能となっていった。また、和平協定後の2001年以後も、以前とほぼ同じ内容と思われる軍事作戦Operation Uttoron(高揚作戦)が開始され、現在に至っている。

表3－1　チッタゴン丘陵の治安部隊の推定数

	担当部署と大隊数	兵士の数(人)
陸軍	第24歩兵師団	35,000～80,000
国境警備隊	6大隊	10,000～25,000
アンサル	4大隊	8,000
海軍	1大隊	1,500
自警団		不明
合計		54,500～114,500

(出典)PCJSS　https://www.pcjss.org/militarisation-in-cht/、IWGIA (2012) *Militarization in the Chittagong Hill Tracts, Bangladesh*, p. 12より筆者作成。

紛争時の暴力に関わる重要な存在としてベンガル人入植者がいる。1979年から83年までに、政府によりチッタゴン丘陵に連れてこられたベンガル人入植者は約40万人と言われ、ほぼイスラム教徒であった。彼らは政府関係者を通じて平野部から広範囲に集められていた。政府は彼らに対して、1世帯ごとに5エーカーの耕作地と3200タカの現金、12枚のトタン、6か月間の食料配給を保証するとしていた。これらの資金はサウジアラビア政府から出ていたと言われている(Aggavansa, Chakma 1981：9)。しかし、割り与えられた土地の多くが、エスニック・マイノリティの人々の土地と重なっていたり、急斜面で耕作に適していなかったりで、当初から多くの問題を引き起こしていた。

１９８８年7月にシャンティ・バヒニの攻撃によりベンガル人入植者２３３人が殺害される事件が起こり、ベンガル人入植者の安全を優先に考える必要が高まった。そのため、政府はクラスター・ビレッジ[4]を建設し、そこにベンガル人入植者を居住させ、食料配給とともに軍の小隊を常駐させる保護政策を始めた。筆者は２００４年にカグラチャリ市街のクラスター・ビレッジ[5]を訪ねることがあった。小高い山を取り囲むようにびっしりと住居が建てられ、頂上には軍の小隊が駐在していた。そこに住むベンガル人入植者によると、村の世帯は89年当初の倍近くにふくれ上がっており、住居スペースも十分なく、水も下から担いで上がるといった厳しい生活環境だった。食料配給についても、新しく増加した世帯には配給がないため、ビレッジの外で商いや賃労働などをして、なんとか生活しないといけない状態だった。こうした厳しい環境下に置かれたベンガル人入植者は、ますます軍への依存度を高め、同時にエスニック・マイノリティの存在を呪う精神構造になっていったと想像できる。

シャンティ・バヒニの捜索や反政府活動の取り締まりの名目で、エスニック・マイノリティの人々へのハラスメント・不当な拘留・逮捕と拷問・土地の収奪・レイプなどが日常的に起きていったことは多くの関係者の証言から伝えられている。そうした日常の中で、感情的対立が最高潮になり、あるきっかけでそれが暴発し、エスニック・マイノリティの人々への集団襲撃・

虐殺事件に発展したケースを検証していく。

集団襲撃・虐殺事件が発生するメカニズムと役割分担

紛争中の１９７８〜93年の間に起きた軍とベンガル人入植者による大きな集団襲撃・虐殺事件として、検証したいと考えるものは13件である。[6] これらの情報は被害者側が提供したものばかりで、主にエスニック・マイノリティ関係者や国際ＮＧＯのウェブサイトなどから集めたものである。当時はマスメディアの取材が難しかっただけでなく、事件後に軍が死体を秘密裡に埋めて隠し、政府も積極的に調査をしなかったため、運よくエスニック・マイノリティ関係者が事件直後に聞き取りに現場に入れたもの以外は、地域関係者の伝聞を後でまとめたものが多い。情報ソースの偏りや不正確さはあるが、今回はあえて現存している情報を分析して推定していく。

事件の詳細は、**表３－２**に概要をまとめている（74〜77ページ参照）。この13件の事件の発生するきっかけを見ていくと、「シャンティ・バヒニによって軍人またはベンガル人入植者が集団殺害され、報復として計画的な集団襲撃・虐殺事件に発展」（４件）、「軍のハラスメントに対するエスニック・マイノリティ側の抗議行動で双方の緊張感が高まり、集団襲撃・虐殺事件に発展」（１件）、「ベンガル人入植者による襲撃が事件に発展」（１件）、「女性へのレイプ未遂事件から傷害事件が発生し、集団殺害事件にまで発展」（１件）、「集団襲撃・虐殺事件後、生存者が安全のためインドに逃れるところを発見され虐殺事件に発展」（1件）、「軍の弾圧に対する抗議運動に参加するためボートで移動中に見つかり虐殺事件に発展」（1件）、「ベンガル人入植者リーダーが何者かに殺害されたため集団襲撃・虐殺事件に発展」（1件）、「理由が不明」（3件）となる。

襲撃時の役割分担だが、計画的なものほど、軍がイニシアティブをもって日時・場所・攻撃の順番などを、ベンガル人入植者・アンサル・自警団などに事前に確認したうえで一緒に実行している様子が読み取れる。シャンティ・バヒニの軍人への攻撃に対する報復行動の際は、特に軍人のイニシアティブが顕著に現れている。

住民間で偶発的に発生した襲撃事件の場合でも、ベンガル人入植者が軍の協力姿勢を確認したうえで行っている。その場合、軍は積極的に銃を使うことはせず、見守るような態度をとっている。このように、最終的な指揮権は常に軍の側にあり、ベンガル人入植者たちはその指揮のもとで動かされている状態である。

暴力の手段

軍人は、銃による射殺、銃剣を使った刺殺といった手段で殺害行為に及んでいることがほとんどで、また、アンサルが関わったものも同様に銃による射殺が中心である。最初に軍人の銃撃による攻撃が行われ、その後待機していた自警団やベンガル人入植者は、ナタ・小刀・棒・

大きかった虐殺事件

加害者	暴力の範囲とその後の対応
ベンガル人入植者	被害の実態の詳細は不明。 その後の対応：約5000人がインド・トリプラ州に避難。
軍、自警団、ベンガル人入植者	銃殺、刺殺、レイプ、放火、略奪、寺院の破壊、僧侶の殺害。 その後の対応：エスニック・マイノリティの国会議員が自主的に現地調査。その後ダッカで記者会見を開いた。政府は5人の議員によるチッタゴン丘陵政経問題の委員会を編成するが、虐殺については何も触れず、報告書は何も出されなかった。2万人がインド・トリプラ州に逃れて難民となるが、説得に応じて帰還する。
軍、国境警備隊、自警団、ベンガル人入植者	殺害、居住地や農地の略奪、寺院の破壊。
軍、ベンガル人入植者	殺害、放火、仏教とヒンドゥー寺院・キリスト教会の放火。 その後の対応：6月と9月の襲撃事件で約2万人の難民がインド・トリプラ州に避難する。国際社会からの抗議があったが、政府は難民の存在を否定。多くのエスニック・マイノリティの人々がインド・トリプラ州に逃れて難民となる。その後国境でバングラデシュの役人から18ドルほどを手渡され帰還するが、家や資産はベンガル人入植者に占領されていた。
軍、ベンガル人入植者	殺害、放火、仏教とヒンドゥー寺院・キリスト教会の放火、レイプ、誘拐。 その後の対応：虐殺後、政府はベンガル人入植者をそこに居住させた。
軍、国境警備隊、自警団、ベンガル人入植者	銃殺、刺殺、レイプ、焼殺、放火、略奪、寺院の破壊、拷問、死体の破損。 その後の対応：6月5日にエルシャド大統領が現場を視察。事件直後、7000人が国境を越え、インド・ミゾラム州に避難。
軍、国境警備隊、アンサル、自警団、ベンガル人入植者	銃殺、刺殺、レイプ、放火、家畜の殺害、略奪。 その後の対応：約7万人の難民がインド・トリプラ州に避難。

表3－2　紛争中に発生した規模の

日時	場所と発生理由	エスニック・マイノリティ殺害数
① 1978年	カグラチャリ県グイマラ(Guimara) 理由：ベンガル人入植者による襲撃。	不明
② 1980年 3月25日	ランガマティ県カウカリ(Kaukhali)郡カランパティ(Kalampati) 理由：シャンティ・バヒニが軍人22人を殺害したため。	200～300人
③ 1981年 6月25日	カグラチャリ県マティランガ(Matiranga)郡バンライバリ(Banraibari)、ベルタリ(Beltali)、ベルチャリ(Belchari)	300～500人
④ 1981年 9月19日	カグラチャリ県マティランガ郡テラファング(Telafang)、アシャロング(Ashalong)、グランガパラ(Gurangapara)、タバルチャリ(Tabalchari)、バルナラ(Barnala)	4500人
⑤ 1983年 6～8月(6/26、7/11、7/26-27、8/9-11)	カグラチャリ県パンチャリ(Panchari)郡ゴラクパチマチャラ(Golakpatimachara)、マチュヤチャラ(Machyachara)、タラバンチャラ(Tarabanchara)、ロガン(Logang)、タラバンヤ(Tarabanya)、マラマチュヤチャラ(Maramachyachara)、ジェダマチュヤチャラ(Jedamachyachara)	800人
⑥ 1984年 5月31日	ランガマティ県バルカル(Barkal)郡ブシャンチャラ(Bhushanchara) 理由：シャンティ・バヒニがベンガル人入植者77～186人を殺害したため。	67～400人
⑦ 1986年 4月30日～ 5月1日	カグラチャリ県マティランガ郡 理由：シャンティ・バヒニがベンガル人38人を殺害、国境警備隊のキャンプを攻撃したため。	50～600人

加害者	暴力の範囲とその後の対応
軍、自警団、ベンガル人入植者	銃殺、刺殺、レイプ。 その後の対応：2万人がインド・トリプラ州に難民として流出。
軍、ベンガル人入植者	銃殺、刺殺、拷問、略奪、放火、寺院の破壊、レイプ(25人の女性をキャンプに連行、その後行方不明)。
軍、自警団、ベンガル人入植者	銃殺、刺殺、焼殺、レイプ、放火、略奪。 その後の対応：チャクマ首長が県知事と大統領に抗議文を送った。住民や僧侶などによる抗議文が大統領、内務大臣、宗教大臣に送られる。しかし政府はチャクマ首長を自宅軟禁とした。
軍、自警団、ベンガル人入植者	刺殺、爆弾、寺院の破壊、僧侶の拷問、ハラスメント。 その後の対応：メディアは爆発事件がシャンティ・バヒニの仕業と報道した。
国境警備隊、自警団、アンサル、ベンガル人入植者	銃殺、刺殺、放火、レイプ未遂、略奪。 その後の対応：約2万人がインド・トリプラ州に避難。事件当日23人の人権活動家が偶然現場近くにいたため、4月19日に合同の報告書を発表。国際NGOも抗議活動を行った。内務大臣とカレダ・ジア首相が4月25日、5月13日と訪問。内務大臣はシャンティ・バヒニの行為を批判し、首相もシャンティ・バヒニがムスリムを殺すなら、また事件が起きると発言。政府の調査団12人が調査をし、8月20日に報告書が提出されたが、公開されなかった。同年10月8日に英語の報告書が出されたが、シャンティ・バヒニが5人のベンガル人をナタやナイフで襲撃、13人のエスニック・マイノリティが負傷、12人が殺され、550軒の家が焼かれたと報告。
軍、自警団、ベンガル人入植者	銃殺、刺殺、放火、略奪。 その後の対応：アワミ連盟の6人の議員が11月21日に現場を訪れる。次の日内務大臣が訪問。コミュニケーション大臣は11月24日に訪問。県知事は何もアクションしなかった。海外の圧力で、11月18日、最高裁判事に調査を命じたが、報告書は公開されなかった。

↗genocide with description、Mey, Wolfgang (1984) *Genocide in the Chittagong Hill Tracts, Bangladesh,* IWGIA、Aggavansa, Mahathero, Chakma, Rajguru (1981) *Stop Genocide in Chittagong Hill Tracts (Bangladesh),* Adsons、などをもとに筆者が作成。

日時	場所と発生理由	エスニック・マイノリティ殺害数
⑧ 1986年 5月18〜19日	カグラチャリ県マティランガ郡タイドン(Taidong)、コミラティラ(Comillatilla) 理由：5月1日の襲撃から逃れようとインドのトリプラ州に逃亡中、軍に見つかり殺害される。	42〜200人
⑨ 1988年 8月3〜5日、10日	ランガマティ県バガイチャリ(Baghaichari)郡 理由：8月1日にシャンティ・バヒニが7人の軍人を殺害した報復として。	500人
⑩ 1989年 5月4日	ランガマティ県ランガドゥ(Langadu)郡 理由：ベンガル人リーダー1人が何者かに殺害されたため。	32〜50人
⑪ 1992年 2月2日	ランガマティ県ランガドゥ郡 理由：ランガマティとダッカでの軍の弾圧に対する抗議運動に参加するためにボートで移動していた。	30人
⑫ 1992年 4月10日	カグラチャリ県パンチャリ郡ロガン 理由：2人のベンガル人入植者がエスニック・マイノリティの女性をレイプしようとし、それを止めた1人のエスニック・マイノリティ男性が殺され、入植者も傷ついた。ベンガル人はシャンティ・バヒニに襲撃されたと国境警備隊に訴え、大規模な襲撃に発展した。	138〜230人
⑬ 1993年 11月17日	ランガマティ県ナニアチャール(Naniarchar)郡 理由：フェリーの待合所で軍のハラスメントがあり、エスニック・マイノリティ学生の抗議デモが数回にわたり発生。軍の計画のもと武器を持ったベンガル人入植者のデモと合流し、軍も加勢して攻撃をした。	66人

(出典)Genocide in Chittagong Hill Tracts: https://www.angelfire.com/ab/jumma/index.html、Parbatya Chattagram Jana Samhati Samiti: https://www.pcjss.org/genocide-ethnicide-in-cht/、Amnesty International (1986) *Bangladesh: Unlawful Killings and Torture in the Chittagong Hill Tracts*、The Chittagong Hill Tracts Commission 1992, 1994, Chakma, Ratan (2014) 13↗

鎌などの軽微な武器を使って殺害行為に及んでいる。

レイプの場合、レイプ後にその場で殺害されているケースが目立つ。また軍のキャンプに連れていかれ、そこでレイプを繰り返すケースも見られ、レイプ加害者は軍人、ベンガル人入植者の両者であった。

これ以外の暴力として、家の放火と破壊、財産の略奪が毎回見られた。さらに、寺院などの襲撃も行われ、僧侶への暴行・殺害、寺院や仏像の破壊も行われている。これらの多くはベンガル人入植者によって行われている。見せしめのための拷問、爆弾を使った攻撃、家畜の殺害などもあった。

軍、ベンガル人入植者、アンサルらが役割分担をして、エスニック・マイノリティの一般住民を殺害する流れがわかる被害者の供述がある。その中で、初期の頃発生した１９８０年３月25日のカウカリ（Kaukhali）郡（ランガマティ県）での集団殺害の様子を伝える供述を少しここに引用したい。

１９８０年3月10日、モシン・レザ（Mohsin Reza）少佐に率いられた22人の軍人が「捜索破壊行動」としてバルカル（Barkal）郡のシュボロン・バザール（Subolon Bazar）のパトロールをしていた時、待ち伏せしていたシャンティ・バヒニに全員銃殺されました。

この事件の後、カウカリ・バザールキャンプのカマル（Kamal）大尉は、法と秩序について、また仏教寺院の再建について話したいので、３月25日の朝８時、パオパラ（Poapara）のカウカリ・バザールに村人が集まるようエスニック・マイノリティのリーダーたちに伝えました。

１９８０年3月25日の朝9時、村人が集まってくると、突然軍隊がバザールに到着して、集まっていた村人を銃で撃ち始めました。（中略）軍が銃撃を終えると、ベンガル人入植者が鋭い武器で村人を襲い始めました。そして寺院と仏像も壊しました。軍は死体をパオパラ高校の西側に穴を掘って埋めました。グル・ダス・チャクマ（Guru Das Chakma）は、死んだものと勘違いされ、他の死体と一緒に放置されたので、奇跡的に生還しました。彼は50～60の死体が墓に埋められたのを見ました。（中略）カウカリ・バザールとパオパラの集団殺害の後、軍とベンガル人入植者は一緒に、チェラチャラ（Chelachara）、ムクパラ（Mukhpara）、ヘッドマンパラ（Headmanpara）、トングパラ（Tongpara）を次々と襲撃していきました。（中略）30～32人の村の女性が無理やり軍のキャンプに連れていかれました。老人と子どもは夜解放されたが、若い女性は3、４日帰されませんでした。（中略）重傷者は軍のヘリコプターで連れていかれましたが、その後の行方がわかっていません（Genocide in Chittagong Hill Tracts　https://www.angelfire.com/ab/jumma/massacre/19800325_kaukhali_massacre.html）。

次は1984年5月31日のバルカル郡での集団襲撃・虐殺事件の生存者の証言である。

私の村はバルカル復興ゾーンに入っていて、この数年大勢のベンガル人入植者が居住するようになり、両コミュニティでの争いが頻繁に起きていました。1984年の夏、いくつかの衝突事件があり、イスラム教徒たちはよく私たちに「いつか軍が来るぞ、覚えていろ」と言っていました。5月31日に軍が、大勢の武装したイスラム教徒を連れてきました。我々の村を破壊し、女性を強姦、そして大勢を殺しました。私は、2人の女性がレイプされ、銃剣で殺されるところを見ました。私の遠縁のいとこになるアロティ(Aroti)は、数名の兵士にレイプされた後、銃剣でずたずたにされました。何人かの大人と子どもは、燃えている家の中に投げ込まれました。私は公衆の前での拷問予定者の中の一人でした。5、6人が縛られ、木に吊り下げられ殴られました。私も殺されるところでしたが、偶然生き延びることができました。(中略)兵士たちは女性らを罵り続け、襲撃の際に何十人もの女性が撃たれ、銃剣で股間を刺されました。彼らはたくさんの人を家に縛りつけ、その家に火をつけました。私の友人のサナット(Sanat)は、拷問され「シャンティ・バヒニはどこだ」と尋問を受けていました。彼が「知らない」と言うと、兵士たちは村人に銃を突きつけ、銃剣で彼を殺させました(Amnesty International 1986：14)。

これらの集団襲撃・虐殺事件の構造をシンプルに整理するとこうなる。

軍関係者などがシャンティ・バヒニに襲撃されると、軍の中枢メンバーが報復として虐殺を計画する。ベンガル人入植者やアンサルなどに声をかけ、詳細な計画が練られる。「軍がお前たちの村にやってくる」という脅しもこの頃見られる。

襲撃の日には、村人は1か所に集められ、シャンティ・バヒニの捜索を理由に軍人が見せしめに殺害、または拷問を行う。そして女性をレイプする。軍の殺害の脇でベンガル人入植者らが、ナタ・槍・小刀などで殺害行為を幇助し、その後放火・破壊・略奪を行う、という形態が多い。

このように、報復としての虐殺は瞬発的・感情的に発生するのではなく、圧倒的な火力や動員とともに、計画的なチームワークで進められている。ベンガル人入植者たちは常に軍に従属的で、軍の行動を幇助する代わりに、軍から自分たちの安全を確保してもらう、そして軍は「ベンガル人入植者を守る」という大義名分を彼らの存在から手に入れている。こうした共依存の関係が確立している。

事件後の対応

事件後、政府への抗議声明や、治安機関への訴えなどは毎回あり、記者会見をエスニック・マイノリティのリーダーが行った事例もある。また国際人権NGO等から批判の声が上がることもたびたびであった。しかし、政府が真相究明に乗り出した事例はわずか2件で、公表されたのはたったの1件、それも襲撃はシャンティ・バヒニによるものでその被害数も小さい規模であると虚偽の報告がされた。すべての事件は適正な調査や司法にかけられることもなく、土中に埋められた死体も掘り起こされていない。

ジェノサイドは乗り越えられるのか

第二次世界大戦時のナチスによるユダヤ人の大量殺害の反省に立ち返り、こうしたことを繰り返さないように、1948年にジェノサイド条約が国連で採択された。現在では、152か国(2019年時点)が批准しており、バングラデシュは1998年に批准をしている。

第2条でジェノサイドは「国民的、民族的、人種的、宗教的な集団の全部または一部を破壊する意図をもって行われる行為」とし、国家あるいは民族・人種集団を計画的に破壊することとしている。破壊の意味の中には、破壊につながる精神的迫害、破壊を意図した生活を課すこと、出生を防止すること、児童を強制的に他の場所に移すことなども含まれる。古くは、18世紀からのオーストラリアのアボリジニの大量殺害、19世紀末のオスマン帝国によるアルメニア人虐殺が、最近では1994年のルワンダの虐殺、95年のセルビア人勢力によるスレブレニツァの虐殺などが挙げられる。

チッタゴン丘陵で発生した数々の集団襲撃・虐殺事件は、世界の事例から見て数や規模では小規模だが、事件の構造は条約の言う、ジェノサイドに当てはまる。圧倒的な力と武力で、計画的に一般市民を殺害し、それは繰り返されてきた。しかも司法で裁かれることはなく、隠ぺいされ続けている。

このように、システム的に大勢の人間を殺す衝動はどこから来るのだろうか。

人類学者の山極寿一は、サルと人間の行動体系から、暴力の形を考察している（山極2007）。サルが仲間を殺す場合は、抹殺（ジェノサイド）ではなく、限りある資源である食物と交尾の相手を奪われた時に限られ、起こる頻度はそれほど高くないとしている（山極：36）。人間は一夫一妻で生活し、親子間の性交渉であるインセストを禁止し、「家族」という小集団をつくることに成功した。さらにそれらが集まって大きな社会をつくる能力をもった。サルと異なり、食や作業を共にすることで集団の内部に強い絆と分かち合いの関係、つまり「共在のイデオロギー」をもつ共同体を生み出した（山極：207-215）。大量虐殺の戦争が起こるようになったのは、言語、土地の所有、死者や祖先とつながる神話の創出によって、空想上の大規模な共同体、つまり「民族」を創り出すようになってからである（山極：222-227）、としている。

また、縄田健悟は、集団間における暴力を多角的に考察している（縄田2022）。集団へ帰属意識が高まると、集団成員に起きた出来事を自分自身に起きた出来事のように認識するアイデンティティ融合が発生する。集団間の関係性の中で自分たちへの脅威が高まると、相手集団を虫や家畜のように非人間化し、集団間代理報復を肯定する心理が生まれる（縄田：38-51）。これらを乗り越える方法として、集団間の接触、共感の醸成、共有できる上位の集団アイデンティティを形成することにより、こうした心理を緩和できると指摘しているが、片方の集団がマイノリティである場合、この上位集団アイデンティティ形成が単なる同化主義に転じ、マイノリティの文化や不平等から目をそらせてしまう可能性もあるとして、その難しさを指摘している（縄田：290-304）。

社会の内的結束力を生み出し、想像力で民族意識をつくり上げる人間の特徴は、生存上の最大の武器であった。しかし、土地や食料、地下資源など限られた資源をめぐって争う時、この力は対抗するグループに対して大きな憎しみのエネルギーに転換される。そして、相手を「抹殺する正当な理由」が生まれた時に、このエネルギーは地滑りのように虐殺行為の方向へと流れ出す。しかも、冷静かつ計画的にである。人間は民族の発明とともに、ジェノサイドという冷静な凶暴さも身につけてしまったのかもしれない。しかし、人間が学習による行動変容が可能ならば、「資源の共有」と「狭い民族観からの脱却」も可能にならないのだろうか。

インド・トリプラ州の難民

チッタゴン丘陵で発生した集団襲撃・虐殺事件、不当逮捕、拷問によって、多くのエスニック・マイノリティの人々は難民となってインド・トリプラ州、ミゾラム州にわたって逃れている。最初の難民は１９７８年に、カグラチャリ県グイマラ(Guimara)で発生したベンガル人入植者の襲撃で、５千名近いエスニック・マイノリティがインド・トリプラ州に避難し、81年６月と９月に軍が連続的に行った虐殺や襲撃を含む対シャンティ・バヒニへのキャンペーンでは、約２万人のエスニック・マイノリティが難民としてインド・トリプラ州に流出した。バングラデシュ政府は難民の存在を否定したが、国際社会の批判が高まる中、インド政府と協議の末、安全と再定住支援を約束し、エスニック・マイノリティ難民を帰還させた。

また、１９８４年５月、６月と軍・国境警備隊・ベンガル人入植者による大規模な襲撃と虐殺が発生した際に、７千人の避難民がインド・ミゾラム州に避難した。

シャンティ・バヒニの軍兵士への攻撃の報復として、軍は１９８６年４月30日から５月１日にカグラチャリ県マティランガ(Matiranga)郡の村への襲撃を始めた。そのため、約７万人のエスニック・マイノリティの人々がインド・トリプラ州に逃げ、92年４月のパンチャリ郡ロガンの虐殺の際には約２万人の難民がトリプラ州に逃れた。こうして避難、帰還が何度も繰り返され、最高時には8万人近い難民がキャンプに居住していた。紛争が長期化して、子どもの教育の保障、食料と安全な水の不足などの衛生環境の問題も指摘されるようになっていった。また、どの場合も、帰還しても自分たちの土地はベンガル人入植者に占拠されており、ほとんどの難民にはそれらは戻らなかった。

１９９１年には約4千人の難民の帰還作業が行われたが、決められた居住区に住まねばならず、耕作地に戻ることは許されず、食料配給も6か月だけだったため、半年後には数百人がインドに戻ったとされる（The Chittagong Hill Tracts Commission 1992：20）。93年に、バングラデシュとインド政府で帰還をめぐる正式な交渉が始まり、キャンプの生活資材や配給が停止され、バングラデシュに戻るよう圧力がかけられた。最終的に一部の難民が2回の実験的帰還に応じ、94年の2月と7月に帰還が試みられた。この2回の帰還作業で、５１８６人が帰還したと言われるが、バングラデシュ政府が約束した支援は十分に行われなかった。結局2回の帰還以後、難民の帰還交渉は続かず、停滞していった（Genocide in Chittagong Hill Tracts https://www.angelfire.com/ab/jumma/refugee.html, The Chittagong Hill Tracts Commission 1994：18–19）。大量

表3－3　エスニック・マイノリティ難民の流出推定数

年	難民の避難先	難民のおよその数（人）
1978	トリプラ州	5,000
1979	ミゾラム州	10,000
1981	トリプラ州	20,000
1984	ミゾラム州	7,000
1986	トリプラ州	70,000
1992	トリプラ州	20,000

（出典）PCJSS　https://www.pcjss.org/refugees-and-idps-in-cht/ より筆者作成。

の難民が発生したにもかかわらず、国連機関などが介入できなかったのは、インドとバングラデシュが難民条約を批准しておらず、難民問題は常に2国間の外交交渉による解決に任されてきたからである。

その後数回の帰還作業が行われたものの、その数はわずかであった。1997年に和平協定が締結され、帰還が決まった際には、約6万人が難民として帰還することになる。キャンプの食料支援や生活基盤については、インド政府が負担してきたため、難民問題はインドとバングラデシュの間に横たわる外交問題として残り続けた。

難航する和平交渉

1981年のジアウル・ラーマン大統領の暗殺後、様々な憶測が流れる中で戒厳令司令官だった元軍人のエルシャドが83年12月に大統領に就任した。軍に大きな影響力をもつエルシャドは、前任のジアウル・ラーマンとは違い、就任直後、ベンガル人の入植支援を停止し、チッタゴン丘陵の問題解決への意欲を表明し、植民地時代の「1900年チッタゴン丘陵制令」を考慮した法律の制定を公言した。エルシャド大統領は85年に和平交渉の打診を始め、87年8月に和平交渉の委員会がつくられ、12月には最初の交渉会議が開催された。その後計6回の会議がもたれる。第1回目の会議で、PCJSSが掲げた5つの要求は以下の通りである。

①ベンガル人入植者をチッタゴン丘陵から立ち退かせる
②治安部隊とベンガル人警察官の撤退
③「1900年チッタゴン丘陵制令」の復活と、その必要性を憲法に加えること
④チッタゴン丘陵の自治と丘陵の人々の自決権の承認
⑤チッタゴン丘陵に国連平和維持軍の配置と国連機関の支援

ＰＣＪＳＳの出した要求は政府にとってハードルが高すぎるのは明らかだった。交渉の中でインド・ミゾラム州のチャクマ自治県議会などの例が議論され、政府はこれに類似する丘陵県地方政府議会(以下、丘陵県議会)を3つの県にそれぞれ設置する案を提示した。チッタゴン丘陵のエスニック・マイノリティの市民リーダーたちはこの案を受け入れ、その他の要求をあきらめるようにＰＣＪＳＳのリーダーを説得するようになっていった。1988年10月には3つの丘陵県議会の案が政府から最終提示され、市民リーダーたちの同意を理由にエルシャド大統領は11月にこの案を正式に公表した。これに対してＰＣＪＳＳは政府案に同意した市民リーダーを厳しく攻撃する文章を公表した。そのため12月に急遽、政府とＰＣＪＳＳとの会議がインド側で開催され、ＰＣＪＳＳ側は「3つの丘陵県議会でなく、1つの丘陵地域議会」の案を提案する。ＰＣＪＳＳの反対の理由としては、この法律は憲法上の定義がなくいつでも廃止することが可能なこと、選挙リストにベンガル人入植者が入っていることを挙げている。政府は検討する意を伝え、7回目の会議が約束されたが、結局これは実施されなかった。

政府はＰＣＪＳＳ抜きで市民リーダーらと合意し、３つの県に議会をつくる案を最終的に決定した。この法案は１９８９年2月25日に国会を通過して成立し、同年3月6日にランガマティ、カグラチャリ、バンダルバン丘陵県議会の設立が公示された。続いて議会の議員の選出選挙が行われる予定であったが、投票者リストの中にベンガル人入植者の名前が多数あったため、ＰＣＪＳＳは選挙のボイコットを強く呼びかけた。しかし、選挙に行かないと政府から逮捕されるという噂が流れ、1万5千人のエスニック・マイノリティが選挙前にインド側に逃れた。エルシャド大統領は同年6月25日には選挙を強行し、６割の投票率だと発表し、強引に丘陵県議会を成立させ、再びシャンティ・バヒニは地下に潜り抵抗戦を続けることになった(The Chittagong Hill Tracts Commission 1992)。

丘陵県議会成立後も、行政府の権限の委譲は遅々として進まず、ランガマティ丘陵県議会の議長のゴータム・デワン(Gautam Dewan)は１９９２年5月に辞任を表明した。さらに同年7月に議員の任期が切れるにもかかわらず、その後選挙は実施されず現在に至っている(The Chittagong Hill Tracts Commission 1994：7)。

このようにエルシャド大統領時代は、チッタゴン丘陵内部の紛争の激化と難しい和平交渉が共存するという不透明な時代となっていった。

バングラデシュ民族主義党政権との和平交渉

ＰＣＪＳＳは１９９２年8月に一方的な休戦宣言を行う。この頃にはＰＣＪＳＳの側も抗争に注力する余力がなくなっていたことが想像される。また、インド・トリプラ州の6万人を超える難民の存在も、バングラデシュ政府にとってインドとの外交上の大きなプレッシャーになっていた。エルシャドに代わって92年3月、新しく政権の座についたバングラデシュ民族主義党(Bangladesh Nationalist Party：ＢＮＰ)[7]の党首カレダ・ジアは、同年5月にインド首相のナラシンハ・ラオ(Narasimha Rao)と会い、インド・トリプラ州のエスニック・マイノリティ難民の帰還作業に取りかかることを約束する。それを受けて、カレダ・ジア政権とＰＣＪＳＳの対話は92年11月に始まった。この時に、政府も休戦協定に従うことを了解した。

この際、ＰＣＪＳＳは3県を束ねる丘陵地域議会の設立と先住民族の権利を憲法に明記すること、不当に収奪された土地の返還、インドに逃れた難民や１９６０年以後カプタイダム建設で難民となった人々のリハビリ、軍の臨時キャンプの撤退、ＰＣＪＳＳメンバーに対する刑事訴訟の取り下げ、公務員や防衛関係機関へのエスニック・マイノリティの採用枠の確保、チッタゴン丘陵への外部移住者の規制の7つの項目を掲げて交渉に入った。しかし、3年にわたって13回の交渉が行われたが、結局合意に達することはなかった。ＰＣＪＳＳはエルシャド時代に成立した丘陵県議会制度には納得せず、３つの県を束ねる丘陵地域議会を設立し憲法でその地位を保障することにこだわった。この期間中も、殺傷事件やハラスメントなどが続き、停戦協定は危うい状況だった（The Chittagong Hill Tracts Commission 1994：7–14）。

アワミ連盟との和平交渉

１９９６年6月12日、総選挙でアワミ連盟が圧勝し与党となった。アワミ連盟は、マニフェストの中にチッタゴン丘陵問題の解決を政治目標としてすでに挙げていた。同年10月１日、政府はチッタゴン丘陵全国委員会を設立し、12月から交渉を始めることを決定した。チッタゴン丘陵全国委員会によりカグラチャリ県において3回の交渉が、96年12月21・24日、97年１月25～27日に実施された。そして最後の交渉はダッカで3日間かけて行われた（The Chittagong Hill Tracts Commission 1997：7–10）。

その結果、１９９７年12月2日、とうとう和平協定がＰＣＪＳＳと政府の間で締結された。ただ、これらの交渉はすべてＰＣＪＳＳの一部幹部のみで行われ、関係者や一般住民の参加、意見聴取は全くなされず、様々な波紋がその後広がる結果となった。第４章では和平協定の内容と課題、実施状況について触れていきたい。

（1）シャンティ・バヒニについては、登録兵士数が1万5千人、訓練を受けた者が5万人、実働数が5千人という記述があるが(Mey 1984：128)、実際はどうなのかは不明な点が多い。

（2）これらの常駐基地は１９７３年に設置されている(Chakma 2020)。

（3）ＰＣＪＳＳ　https://www.pcjss.org/militarisation-in-cht/ より。

（4）ベンガル人入植者の安全を守るためにつくった人工村で、囲いの中にベンガル人を集中して居住させ、軍の小隊が常駐している。土地の耕作などが難しいため政府が食料配給を行っている。正確な数は公表されていないが、現地活動家によると１３０近くになるという情報がある。

（5）ボワチョリ・クラスター・ビレッジという場所で、１９８９年に建設された。設立当時は５５０世帯だったが、２００４年には９００世帯に増加していた。

（6）これらの情報収集と整理にあたっていくつか情報の不備や不明な点などが見受けられたので、あらかじめ下記の５つの点を断っておきたい。(1)情報の多くが「Genocide in Chittagong Hill Tracts」というChakma Buddhist Newsが主催するウェブサイト上で公開されているもので、これらの多くはＰＣＪＳＳの情報をもとにまとめている。その次はAmnesty Internationalの情報で、ＰＣＪＳＳのウェブサイトになる。その他は、ウェブサイトに散発的に掲示されているものを活用している。(2)多くの情報がＰＣＪＳＳのものを加工してまとめている傾向が見られ、被害者の第1次情報が詳細にあるものと、後で聞いてまとめたと思われる情報などに分かれる。(3)事件の日時・場所・経緯などは一致することが多いが、殺害された者や負傷者、レイプ被害の数などは誤差があるため、それらは最小値〜最高値を表３−２に入れて記述している。(4)本来的には現地で調査・ヒヤリングを行い、正確な第1次情報を集めるべきであるが、軍の監視があり不可能なため、こうした情報に頼らざるを得ない。(5)情報の内容が詳細でなく、死者の数が非常に多いものについては、誇張された伝聞をそのまま書いた可能性があるので、あえて大きな事件として加えなかった。そのため、和平協定前の規模の大きい集団襲撃・虐殺事件の件数は13件となった。例えば１９９２年４月のロガンの集団襲撃・虐殺事件だが、筆者は２００４年２月に実際に現地を訪問し、事件の詳細と被害状況について村人にヒヤリングすることができた。事件が起きた経緯については、書かれていた情報と一致したが、殺害された者の数については、村人は１００人、見つかった死体は35人と証言しており、最大死者情報の４００人と誤差がある。また同年２月に集団襲撃・虐殺事件が発生したランガドゥもヒヤリングを04年２月に行ったが、その時の村人の証言だと殺害された者は78人だったが、記録上の死者は30人とあり誤差がある。おそらく事件直後は、エスニック・マイノリティの人々の多くがインド側に逃れるかジャングルに隠れるため、その数も死者とカウントされる可能性があるのと、事件隠ぺいのため軍が死体を隠すことが通常なので、死者数が少なくなる可能性があり、情報に大きな誤差が出やすいと考えられる。

（7）１９７８年に、ジアウル・ラーマン大統領が創設した政党。暗殺後は、妻のカレダ・ジアが党首を務め、アワミ連盟と並んで２大政党の一つとなっている。

〈参考文献〉

山極寿一（２００７）『暴力はどこからきたか――人間性の起源を探る』ＮＨＫ出版。
縄田健悟（２０２２）『暴力と紛争の〝集団心理〟――いがみ合う世界への社会心理学からのアプローチ』ちとせプレス。
Aggavansa, Mahathero, Chakma, Raiguru (1981) *Stop Genocide in Chittagong Hill Tracts (Bangladesh)*, Adsons.
Amnesty International (1986) *Bangladesh : Unlawful Killings and Torture in the Chittagong Hill Tracts*.
Chakma, Bachchu (2020) 4 May, Perspective and Persistence of Militarization in CHT, *Hill Voice*. https://hillvoice.

net/perspective-and-persistence-of-militarization-in-cht/

Hazarika, Sanjoy (1989) Bangladeshi Insurgents Say India is Supporting Them, *The New York Times*, June 11, 1989. https://www.nytimes.com/1989/06/11/world/bangladeshi-insurgents-say-india-is-supporting-them.html

IWGIA (2012) *Militarization in the Chittagong Hill Tracts, Bangladesh-The Slow Demise of the Region's Indigenous peoples*, Report14.

Mey, Wolfgang (1984) *Genocide in the Chittagong Hill Tracts, Bangladesh*, IWGIA.

The Chittagong Hill Tracts Commission

(1992) *"Life is not Ours-Land and Human Rights in the Chittagong Hill Tracts Bangladesh"*, Organising Committee Chittagong Hill Tracts Campaign.

(1994) *"Life is not Ours-Land and Human Rights in the Chittagong Hill Tracts Bangladesh UPDATE2"*, Organising Committee Chittagong Hill Tracts Campaign.

(1997) *"Life is not Ours-Land and Human Rights in the Chittagong Hill Tracts Bangladesh UPDATE3"*, Organising Committee Chittagong Hill Tracts Campaign.

和平協定とその脆弱性

遅々として進まぬ和平協定の実施

チッタゴン丘陵の若い僧侶

武装抵抗を選んだエスニック・マイノリティたちの最終的な目的は、自分たちのこれまでの土地利用や文化の維持であり、それは同時に集団的自決権の実現である。分離独立を目標に掲げる場合もあるが、独自の自治システムを政府に求めることが多い。そして、それを保障する関連法の是非が交渉の焦点になる。

和平協定には決まった形があるわけではない。和平を望む双方の妥協によって生み出される。多くの和平協定とは、そもそもその国の既存の法律ではカバーされていない課題解決を、限られたステークホルダーで決めなければならず、時には俗人的な欲求も入り込んでくる。また誰がどうやって交渉するのかも決まったルールはなく、自称交渉人を双方が認めることで交渉がスタートする。

Licklider（1995）は、1945～93年までの91の内戦のケースを調べている。そのうちアイデンティティのための内戦が69％で、冷戦後はそれが増加したとしている。さらに、交渉によって和平につながったものは4分の1程度で、軍事的勝利に終わった紛争の79％はその後暴力が終息したのに対し、交渉による和解のうち紛争が終結したのは33％と低いことを提示している。また、DeRouen（2010）らは、89年から2005年までの14の内戦の和平協定を検証している。そして、和平協定を実施する国の経済力や政治力が高く、交渉時に第三者機関の介入がある場合、和平協定が実施される可能性が比較的高いとしている。Kreutz（2015）も、長期にわたる内戦はこうした和平合意の交渉で終了するが、ほとんどの場合、最初の10年以内に新たな暴力が発生するとしている。

それゆえに、締結後に和平協定がしっかり実施・維持されるかは、協定の中に何が盛り込まれるのかだけでなく、政府の実施のための明確な意志と政治的調整能力にかかっている。つまり和平協定締結は、むしろ難しいステージの始まりであり、政府の政治力と誠意の証明が始まるのである。そしてエスニック・マイノリティにとっては大きな賭けでもある。

チッタゴン丘陵、和平協定の骨子とは

エルシャド大統領退陣（1990年）以後、チッタゴン丘陵の和平協議が水面下で進んでいたことは、一部の関係者しか知らなかったこともあり、1997年12月2日にチッタゴン丘陵和平協定（以下、和平協定）が締結され、新聞の1面にニュースが掲載された時、多くの人は驚いた。それに対する関係者の反応を述べる前に、チッタゴン丘陵の和平協定の中身、構造を先に見ていきたい。

和平協定は、以下のようにA～D章の4つの章で構成され、全部で72項目になる。

A章　総則（4項目）
B章　丘陵県地方政府議会（35項目）
C章　チッタゴン丘陵地域議会（14項目）
D章　帰還難民の生活再開支援、シャンティ・バヒニへの特赦、軍キャンプの撤退、チッタゴン丘陵担当省の設置、その他（19項目）

72項目の中には、以前の法律の部分的変更や、解釈や追加項目の部分も多いので、その中でも重要と思われる部分だけを以下要約していく。

A章　総則（4項目）

協定の最終目標である「少数民族が住む地域としての独自性を守る」を明確にし、決定事項の実施のための協力、関連法案の制定や改正ルール、和平協定監視委員会の設立などを規定している。

B章　丘陵県地方政府議会（Hill District Local Government Council：以下、丘陵県議会）（35項目）

ここでは1989年に国会で制定された以前の丘陵県議会法を大枠で継承しつつも、いくつか重要な点が追加・修正されている。主な追加部分は、以下の通りである。

・各丘陵県議会に女性議席を新たに3つ置くこと、そのうちの1つは非少数民族（つまりベンガル人）とする。
・「非少数民族であるか否か」の判断は、当該の村落長、ユニオン議会議長、地方都市議会議長の証明書を提出させ、丘陵県議会が認定した者としている。紛争が発生する前からチッタゴン丘陵に住み着き、エスニック・マイノリティ社会と協調して暮らしてきたベンガル人を非少数民族の永住者として、選挙権と被選挙権を認めている。政府が奨励して入植したベンガル人入植者の選挙権・被選挙権は認めていない。
・行政職の採用や賞罰などの人事権、警察の警部補以下の任命の権限を丘陵県議会に与え、採用にあたってエスニック・マイノリティを優先すること。
・土地の賃貸、売却、購入、譲渡に関しては丘陵県議会の承認を必要とすること。
・カプタイ湖周辺の土地を、元の所有者に優先的に賃貸すること。
・丘陵県議会の権限にさらに追加された項目は以下の通り。
監督権：職業教育／母語による初等教育／中等教育／土地と土地管理／地方警察／少数民族法と正義／青少年福祉／地域観光／改良基金と政府機関の管理／地域工業、商業への認可の発行／河川・運河の適切な利用と灌漑
徴税権：人力車（リキシャ）登録料／商品購入売却税／固定資産税／家畜税／民事訴訟手数料／国有・私有工場保有税／森林資源利用料／映画・祭典・サーカスへの補足税／鉱物

資源の探査と採掘について政府が結んだ契約への請求権／商業税／宝くじ税／漁業税

　和平協定では、1989年に成立した丘陵県議会の基本的な構造は変えず、ベンガル人入植者が以前からの永住者と見なされ選挙権・被選挙権を得ることがないよう配慮されている。また、丘陵県議会の承認事項が追加され、自治の範囲が拡大されている。女性議員の増員、警察の人事権等も追加している。

警察人事への介入は、エスニック・マイノリティにとっては重要な要望である。東パキスタン時代、警察官が管轄地出身だと身内や知り合いの利害と癒着しやすく、それを避けるため、出身県への配置はしないことを原則としていた。チッタゴン丘陵はイギリス植民地時代は平野部とは異なり、地元の人間を警察に採用していた。しかし、東パキスタン時代になると平野部の制度がチッタゴン丘陵にも適用された。すると、エスニック・マイノリティとベンガル人との間に発生する様々な犯罪や刑事事件で、エスニック・マイノリティが不利に扱われるようになり、さらに紛争時にそれが顕著になっていった。そのため、丘陵県議会が警察の人事権の一部をもつことは、エスニック・マイノリティが警察の不当な法執行から逃れるためには重要な点であった。和平協定では、一部の警察官任命や異動、賞罰は丘陵県議会が行うことになり、採用にあたってはエスニック・マイノリティが優先されるという規定になっている。

表4—1　丘陵地域議会　議員割り当て

議長（1人）	エスニック・マイノリティ
エスニック・マイノリティ男性議員（12人）	チャクマ（5人）、マルマ（3人）、トリプラ（2人）、ムル・トンチャンガ（1人）、ルシャイ・ボム・パンクア・クミ・チャク・キャン（1人）
エスニック・マイノリティ女性議員（2人）	チャクマ（1人）、その他のエスニック・マイノリティ（1人）
非エスニック・マイノリティ男性議員（6人）	3つの県から2人ずつ
非エスニック・マイノリティ女性議員（1人）	

C章　チッタゴン丘陵地域議会（Chittagong Hill Tracts Regional Council：以下、丘陵地域議会）（14項目）

丘陵地域議会とは、1989年に国会で制定された3つの丘陵県議会の調整を目的に設置する議会である。議会の議長と議員は、3つの丘陵県議会の議員によって選ばれることになっており、議長は国務大臣相当の待遇である。議員は22人で、3分の2はエスニック・マイノリティから選ばれることになっている。その構成の詳細は、**表4—1**からわかるが、構成メンバーの22人中、エスニック・マイノリティが15人、非エスニック・マイノリティが7人という割合である。また女性の保留議席数は3人で、そのうち1人は非エスニック・マイノリティとなっている。エスニック・マイノリティ男性議員12人の内訳は、チャクマが5人、マルマが3人、トリプラが2人、ムル・トンチャンガから1人・ルシャイ・ボム・パンクア・クミ・チャク・キャンから1人選ばれるとしている[1]。それぞれの任期は5年である。

D章　帰還難民の生活再開支援、シャンティ・バヒニへの特赦、その他（19項目）

この章では大きく「難民と国内避難民への生活開始支援」「土地委員会の設置」「シャンティ・バヒニの法的、経済的救済」「軍のキャンプの撤退」の４つの対策が具体的に述べられている。19項目あるが、簡単に以下要約する。

難民・国内避難民について

・インド・トリプラ州で１９９７年3月28日から始まったエスニック・マイノリティ難民の帰還の条件に従って支援する。
・内戦状態のために適切に運用されなかった貸付資金の利子と元金を帳消しにする。

土地の問題

・土地をもたないエスニック・マイノリティ世帯に2エーカーの土地の賃貸を保証する。
・退官判事を長とした土地問題を解決する土地委員会の設置。
・ゴム栽培のために貸し出された土地で10年間活用されていないものは無効とする。
・開発事業の促進、公職と高等教育の少数民族向け定員枠の継続と奨学金の給付、文化と遺産の保護などを促進する。

シャンティ・バヒニ活動員について

・シャンティ・バヒニ活動員から政府への武器の引き渡し。
・活動員世帯が生活に戻るための1世帯あたり5万タカの支給。
・活動員の告訴、逮捕状、指名手配の取り下げ、獄中の活動員の釈放。また今後起訴されないことの保証。
・国営銀行から活動員に貸し出されたが、運用が困難だった資金の帳消し。
・公職に就いていた活動員の元の地位への復帰と年齢に伴う待遇への考慮。
・家内工業・菜園などを自営する活動員への銀行貸付。

軍のキャンプの撤退

・チッタゴン丘陵内にある仮設キャンプを閉鎖し、陸軍・アンサル・自警団を常設駐屯地へと撤退させる(しかし、バングラデシュ国境警備隊の常設駐屯地は除く)。
・仮設キャンプとして使った土地を元の所有者に返還すること。

チッタゴン丘陵担当省の設立

・担当省にはエスニック・マイノリティ出身者が任命され、諮問会議を構成する。

前述の和平協定が締結されると、それに基づいて、1998年5月には、3つの丘陵県議会法の改正案と丘陵地域議会法が国会で成立し、同年7月にはチッタゴン丘陵省が設置された。また、和平協定以前から進められていたインド・トリプラ州の難民帰還作業も加速化した。和平協定を締結に導いた当時与党のアワミ連盟は、過半数を超える議員数でこの法案を可決させた。

和平協定への様々な反応

和平協定の内容をめぐっての反応は様々だった。国際社会の一部からは、互いに交渉をあきらめなかったことへの賞賛の声が上がった。また、和平協定は妥協で、インドに国を売る行為であり、憲法に反すると反対する人々の声も出てきた。特にチッタゴン丘陵に住むベンガル人入植者たちは、自分たちが政治的に不利な立場になるだけでなく、生命の不安を感じた者が多かったに違いない。

片方で、エスニック・マイノリティ・コミュニティの反応の多くは、失望に似たものだった。特に政治に詳しい若いリーダーたちの一部はあからさまに和平協定の内容をけなし、裏切りと決めつける発言が目立った。和平協定の事前協議は、すべてPCJSSの限られたメンバーだけで行われた。これは、以前のエルシャド大統領時代に、エスニック・マイノリティのエリー

写真4－1　1998年2月10日の投降式会場で完全自治を求めて抗議をする人々

（出典）*Life is not Ours 2000*（The Chittagong Hill Tracts Commission）より。

トらの声を優先的に取り上げ、ＰＣＪＳＳの意見を軽視した反動と考えられる。和平協定の内容が公表された時、政治活動に熱心に関わってきた若い人々は、自分たちの声がないがしろにされたこと、また和平協定の内容にも失望し、憤った。

　その反発は、１９９8年2月10日、シャンティ・バヒニの投降式がカグラチャリ市のスタジアムで実施された時に最高潮になった。式場に現れた丘陵人民議会、丘陵学生議会、丘陵女性連盟の一部のメンバーたちは、会場で強い不満をあらわにし、抗議行動を行った。「完全な自治」を求め、式場で和平協定とシャンティ・バヒニの投降を非難する黒い旗を振り上げたりした。また、サンダルや女性の腰巻を掲げ、投降する者やＰＣＪＳＳらを非難した[2]。会場にサンダルや靴、レンガを投げ込む者もおり、式典の時間を短縮するような緊迫した状況であった。会場の外ではサントゥ・ラルマ[3]の像が焼かれた(The Chittagong Hill Tracts Commission 2000：30)。こうした失望と強い反感をもつ人々によって人民民主主義統一戦線(United People's Democratic Front：以下、ＵＰＤＦ)がその後結成されることになる。

そもそも和平協定は双方の妥協を具現化するもので、ゆえに双方にとって理想的で完璧なものにはならない。しかし、その妥協をめぐって内部抗争の火種となるのは、どの抗争地にもある普遍的な問題である。エスニック・ポリティックスは「同じ仲間」意識を強固にし、相手の力が巨大であれば、それはさらに大きくなる。そして、自分たちのアイデンティティを守るために、命を投げ出すほど巨大なエネルギーを内部に生み出す。その中心には「天使のような純粋さ」が存在する。そのため抵抗のストーリーの最終ゴールは常に「純粋な」ものでなくてはならず、一点の曇りも許されない。そうしたエスニック・ポリティックスの潔癖さは行き場をなくし、それが反転して憎しみになり、今度はそれが仲間に向かうことになる。交渉時に第三者の仲介や地元リーダーを加えていたら、内部分裂を防ぎ、うまくまとまったのかはわからない。しかし、ＰＣＪＳＳが地元リーダーに対して不信感をもち、交渉を閉鎖的に独占する心理になっていたことは間違いない。結果的にこのプロセスが和平協定実施と内紛の拡大に負の力となったと考えても不思議ではない。

　この和平協定にＢＮＰ（バングラデシュ民族主義党）や人民党、[4]イスラム協会はすぐさま反対を表明した。「協定は憲法に反する」「インドに国を売る」「国会で議論していない」といった問題を挙げ、ＢＮＰは和平協定反対のデモを展開した。反対運動の一部は過激化し、カグラチャリ県では国境警備隊がデモ隊に発砲し、死者２人を出す騒ぎとなった。またバングラデシュ各地でも反対派の事件や衝突が発生している。チッタゴン丘陵に在住するベンガル人入植者の不安は一層高まった。現在の居住地から強制的に立ち退かされるのではないか、軍が撤退して自分たちがエスニック・マイノリティの武装グループの標的になるのではないかといった憶測が駆けめぐった。そのためか１９９８年には、ベンガル人入植者による襲撃、殺害、小競り合いがチッタゴン丘陵内で多数発生している（The Chittagong Hill Tracts Commission 2000：39–41）。

　国際社会の反応は二つに分かれていたように感じられる。一つは、形はどうであれ紛争が終結し、和平協定にまでたどりついた努力と結果を賞賛する声である。一部の国際機関の中には、まずは暴力的な環境がなくなったことを前進と捉える空気があった。その典型的な例は、１９９８年にユネスコが、シェイク・ハシナ首相の和平に示した努力を評価してフェリックス・ウーフェ＝ボワニ賞（The Félix Houphouët-Boigny Peace Prize）[5]を授与したことであろう。

一方で、チッタゴン丘陵の人権問題に以前から関わってきた国際市民グループでは、和平協定の内容がＰＣＪＳＳの望んだ結果に妥協が数多く見られたことや、これから起きる内部分裂、ベンガル人入植者との軋轢、人権問題がこれからも続くのではないかといった不安の声が多かった。

和平協定の評価、そして脆弱性

ここからは和平協定の構造に横たわる脆弱性について掘り下げていきたい。脆弱性は、協定の文章に書かれなかった部分と、書かれた部分と両方に存在する。まず書かれなかった部分について触れていく。

(1) 憲法における認知

ＰＣＪＳＳは１９８９年の丘陵県議会に反対した際も、ＢＮＰとの和平交渉の際も、「憲法におけるエスニック・マイノリティの権利の認知」[6]を表記することを要求に掲げてきた。なぜならば、憲法でエスニック・マイノリティの存在やその権利を認めて初めて、それが種々の法律の根拠となり、盤石な執行状態となるからである。しかし、和平協定ではこのことは触れられていない。

(2)ベンガル人入植者について

ベンガル人入植者を平野部の別の場所に移住させる要求は、ＰＣＪＳＳが以前から強く望んできた点である。ベンガル人入植者は違法な形で政府によって連れてこられた存在であり、彼らがチッタゴン丘陵で政治的権利を得れば、エスニック・マイノリティの社会が大きな影響を受ける。１９８９年の丘陵県議会の選挙リストにベンガル人入植者が混じっていることを理由に選挙のボイコットを呼びかけたのも、既成事実をつくらせないためだった。また、エスニック・マイノリティとベンガル人の人口が拮抗していたことからも、ベンガル人入植者の移住は重要な点であった。土地の収奪が日常化しているのも、ベンガル人入植者の存在があるからだ。紛争期に殺戮や集団暴行に関わったベンガル人入植者を正式に受け入れることは、エスニック・マイノリティ側にとって心理的に難しいことだった。

しかし、和平協定には一切ベンガル人入植者のことは触れられていない。和平協定後、ＰＣＪＳＳ代表のサントゥ・ラルマは、「ベンガル人入植者を平野部に帰すことは、ハシナ首相と口頭で約束をした」と何度も発言をしているが、それは今も実行されていない。

(3)期限の設定

和平協定実施の監視委員会の設置は書かれているものの、協定の内容実施の期限が一切書かれていない。いつまでに和平協定の内容が実施されるのか明確でないため、引き延ばされてしまう可能性がある。実際に、和平協定実施の遅れが非常に大きな問題となっている。

⑷選挙の未実施

最大の課題は丘陵県議会の選挙の未実施が続いていることである。1989年6月の最初の丘陵県議会の投票者リストの中に、ベンガル人入植者が多数含まれていたことを理由にPCJSSが選挙をボイコットしたが、政府は強引にそれを実施した。PCJSSは適切な選挙実施と選挙人の選出に関する提案書を提出しているが、一度も正式な選挙が実施されていない。そのため、現在の丘陵県議会は、政府が指名する人によって構成される暫定的な議会として運用されている。3つの丘陵県議会をまとめる丘陵地域議会の議員も、これらの議員の選挙によって行われることになっているため、それも結果的に議員の選出ができず、政府の指名による議員で構成された暫定丘陵地域議会が現在まで続いている。

和平協定に書かれなかったこの4つの事実については、PCJSSがこれまで掲げてきた要求との大きな乖離が見られる。これらはどのように考えたらいいのだろうか。

これに関する証言や資料がなく推測となってしまうが、和平交渉時は、シャンティ・バヒニにしてもすでに武装抗争を続けていく体力と気力の限界に達していたのではないだろうか。資金的な理由も一つだが、長引く紛争と内部関係者の意見調整、住民からのモラルサポートの難しさなどがＰＣＪＳＳ内部に疲労となって蓄積されていた可能性が高い。さらに大量の難民を抱えるインド政府からの追及、そしてインド側にとってＰＣＪＳＳの利用価値が下がったこともそういった空気をつくり出した要因の一つだろう。加えて、ＰＣＪＳＳの中心メンバーの高齢化も、もう一つの要因だっただろう。つまり「潮時」のようなものが、こうした妥協に向かわせることになっていったのではないか。こうした妥協は、一部の過激なエスニック・マイノリティの活動家たちにとっては、「恥ずべき妥協の産物」として映ってしまったのかもしれない。

次は書かれたＡ章からＤ章までの中で、筆者が和平協定として重要な課題と思う点に触れてみたい。

⑴「部族」(tribe)という用語の使用

まずＢ章の１で「部族(tribe)」という言語の使用をそのまま有効であるとした点である。これは１９８９年に制定された丘陵県議会法の本文に使われていた用語で、和平協定もこの法律を基本に提案されているため、そのまま使用を認めていったものと思われる。おそらくＰＣＪＳＳは和平交渉の過程で、「先住民族」という新たな用語の使用をあきらめ、以前から使われていた「部族」をそのまま承認したものと思われる。しかし、本書第６章で紹介する国連の先住民族の権利宣言とも関わることであるが、これまでバングラデシュ政府は彼らが自決権を有する民族でなく、後発的で小規模な部族とすることで、彼らの権利を矮小化、または無視し、保護対象でしかないとする傾向があった。その結果「彼らは和平協定の中で自らを『部族』と認めている、つまり先住民族ではない」といった彼らの権利を矮小化するための根拠となっていった[7]。

(2) 丘陵県議会・丘陵地域議会制度について

まず、丘陵県議会の22人の議員の枠の中で、女性の枠が3人とジェンダーバランスが悪いことを指摘したい。もう一つは、エスニック・マイノリティ議員の数だが、人口の多い順に議員枠の数が決められている。特にムル、トンチャンガ、ルシャイ、ボム、パンクア、クミ、チャク、キャンの8つのエスニック・マイノリティは合わせて2人の議員の枠しかないことから、政治参加が実質的に難しくなっている。さらに言えば、このグループの女性の議会参加はほぼ不可能である。人口の少ないエスニック・マイノリティが政治に参加できる別の仕組みが必要だったのではないか。エスニック・マイノリティは、数の少なさゆえに自らの権利を保持できず、マジョリティ政治に飲み込まれてしまうという、「多数決による民主主義の罠」を指摘してきた。しかし、自らもその罠を内部に抱え込んでいることがわかる。

最後に、丘陵地域議会の役割であるが、3県の丘陵県議会が行うあらゆる事業の全般的監督や調整役となっている。それ以外にも、3県の一般行政、法秩序の維持、開発、災害復興、エスニック・マイノリティの民事裁判、重工業の許可なども守備範囲となっており、既存のチッタゴン丘陵開発局の業務を監督する権限ももつ。つまり丘陵県議会の業務を再度調整、決裁するという重複的なシステムになっており、行政手続きとしてやや過度になっているように思われる。

和平協定の実施状況

１９９７年12月に締結された和平協定は現時点で25年経過したことになる。実施経過と達成度について、バングラデシュ政府とＰＣＪＳＳの実施実績をめぐる見解は常に大きく異なる。ＰＣＪＳＳが２０２２年に発表した和平協定の実施状況報告書には、「政府は２０１９年10月20日に和平協定の72項目のうち48項目が完了、15項目は部分的実施、９項目が準備中としているが、ＰＣＪＳＳの見解では、72項目のうち25項目が完了、18項目は部分的な実施、29項目は未実施でかつルールを守っていない」としている(PCJSS 2022：5)。このような食い違いはなぜ25年間も続いているのだろうか。

ＰＣＪＳＳの２０２２年の報告書をもとに、双方の認識の違いの中で重要と思われるところを掘り下げていく。ＰＣＪＳＳが完了していないと主張する47項目全部を詳細に見るのはあまりに煩雑になるため、重要と思われる以下の5点に要約して検討していく。

⑴丘陵県議会への権限委譲と選挙の実施

政府は、開発事業は丘陵県議会や丘陵地域議会を通してすでに実施されているとしているが、ＰＣＪＳＳの主張では、多くの開発事業は丘陵県議会や丘陵地域議会の審議にかけられないまま実施され、福祉・青少年対策・教育・環境開発・環境保護などの様々な行政執行に関する権限も委譲されていないとしている。警察官の任命・異動・賞罰に関わる事項も警察の上部ですべて行われており、丘陵県議会の議員の女性枠にも、これまで一度も女性が選ばれていない。また、中央から派遣される県行政長官が、土地の賃貸・売却・譲渡、土地開発税の徴収、永住者の証明書発行など、重要な案件を和平協定に反して独占している、と主張している。

丘陵県議会の選挙の実施は非常に重要な案件であり、ＰＣＪＳＳは選挙人名簿や県議会の選挙規則などを起草して政府に提出しているが、これに対してまだ政府は選挙に関する規則の制定や実施に対するアクションをとっていない。そのため、選挙は今でも実施されておらず、丘陵県議会も丘陵地域議会も政府が指名した人物が議員を務め、暫定的な運用をしているのが実態である。

(2)丘陵地域議会への権限委譲

すべての開発事業、NGOや災害支援事業、民事裁判、重工業事業の許可等の管理調整などは、丘陵地域議会で執行されることになっているが、これも実際には行われておらず、チッタゴン丘陵省や丘陵県議会も丘陵地域議会へ案件を送ってないとPCJSSは主張している。また下位の議会の監督権も同様に無視されている状態である。

(3)帰還難民への支援、シャンティ・バヒニへの特赦や支援

インド・トリプラ州の難民6万4609人・1万2222世帯の帰還が行われたが、9780世帯は自分の土地を取り戻せず、890世帯は雄牛を購入する資金を受け取っていない。そして366人は紛争時の銀行ローンの免除を申請しているが実施されておらず、いくつかの小学校・市場・寺院が政府や軍に占拠されたままである。

また、武装解除したシャンティ・バヒニ活動員の特赦に関して、提出した839件・2624人のうち、720件については裁判等の中止の呼びかけが政府からされたが、最終決定されていない。また残りの119件に対しては放置されているとPCJSSは主張している。

もう一つ重要なこととして、国内避難民の支援の未実施がある。政府は難民のためのタスクフォースを設置し[8]、難民の帰還作業が始まって間もなく国内避難民の支援を計画していた。しかし、このタスクフォースにはリストの12万8364世帯(約50万人)のうち、ベンガル人入植

者3万8156世帯が含まれていた。そのためPCJSSは強く抗議をし、結果的に国内避難民の支援リストは再提出されることなく、今も実施に至っていない(The Chittagong Hill Tracts Commission 2000：48)。

(4)土地問題の解決

土地をもたないか、2エーカー未満の土地しかない世帯に対して、2エーカーの土地を賃貸することになっているが、これも実施されていない。また、紛争中に収奪された、もしくは賃貸に出された土地問題を解決するための委員会が第5期まで実施されたが、土地係争に関する作業は何も開始されていない。政府から不当にリースされた土地で、実際に使用されていない1877件・4万6750エーカーの契約を破棄することになっているが、キャンセルされたのはそのうち1万5350エーカーのみ、しかもそのほとんどが、県行政長官によって復元されてしまっている。また、返還された土地の多くは関係者によって占拠状態にあるとPCJSSは主張している。

(5)軍関連施設の閉鎖

和平協定直後、チッタゴン丘陵内の500以上の軍キャンプのうち、1997年から99年で70のキャンプが閉鎖、2009年から13年で35のキャンプが閉鎖されただけで、400以上のキャンプはそのままである。さらにCOVID-19を理由に20のキャンプが再建されていると、PCJSSは主張している。

和平協定の違憲性――二つの裁判

和平協定をめぐって、予想しなかった二つの裁判が提訴された。一つは2000年のモハマッド・ブディウザマン(Mohhamad Budiuzzaman)の、もう一つは07年のモハマッド・タジュル・イスラム(Mohhamad Tajul Islam)の最高裁判所高等裁判所部門への提訴である。前者は丘陵県議会の選挙・被選挙対象者が特定の民族に限られており、バングラデシュの憲法で保障されている政治参加への平等権を侵害していること、そして憲法で保障されている統一的地方自治システムに違反しているという主張である。そして後者は、バングラデシュの3つの県にまたがる丘陵地域議会のような広域な自治権を憲法では認めておらず、違憲だという主張だった。これに対して高等裁判所部門は、10年4月13日に憲法の理念と矛盾しているという判決を下した。政府はすぐに上告したが、上訴許可請願の決定が下されるまで保留されているため、まだ裁判が再開されていない状況である(National Human Rights Commission, Bangladesh 2014：60-61)。しかし、この判決文は多くのベンガル人入植者グループや関係者によって引用され、政治的な議論の中に深く入り込んでおり、その影響力は小さくない。

こうした民族自治制度を採用している国は多数あり、むしろ冷戦後は特別な自治制度を付与し、平和構築戦略として強調される流れがある。世界の潮流から考えると、チッタゴン丘陵の自治制度はアジアの中でも大きな意義をもっている。しかし、この自治制度を憲法でも認知していなかった点が矛盾点として指摘され、それが裁判の判決となったわけである。おそらくアワミ連盟の中での和平協定成立上の駆け引きで、憲法上の認知を避けたものと考えられる。

まだらな和平協定の実施とスポイラーの存在

ここまでの和平協定の実施状況から見ると、比較的実施傾向が高いものには、難民の帰還、シャンティ・バヒニの投降と特赦が挙げられる。実施傾向ではあるものの進展が遅いものに、自治に関する権限委譲がある。一方、実施されているとは言い難いものは、国内避難民の支援、選挙の実施、土地問題の解決、そして軍キャンプの撤退だと推定できる。こうした和平協定の実施を遅らせる、または無視する土壌はどうつくられているのだろうか。

進捗のばらつきの傾向を考察すると、インドとの外交問題になっていた難民の帰還、チッタゴン丘陵の治安問題の一つであったシャンティ・バヒニの武装解除は、政府にとって優先順位は高く、早く進んだと言える。そして軍のキャンプの撤退は、ポーズだけと思われるような実施状況で、ほぼ無視されている。国内問題である、国内避難民・土地問題・自治権の委譲など

図４－１　和平協定実施進捗のグラデーション

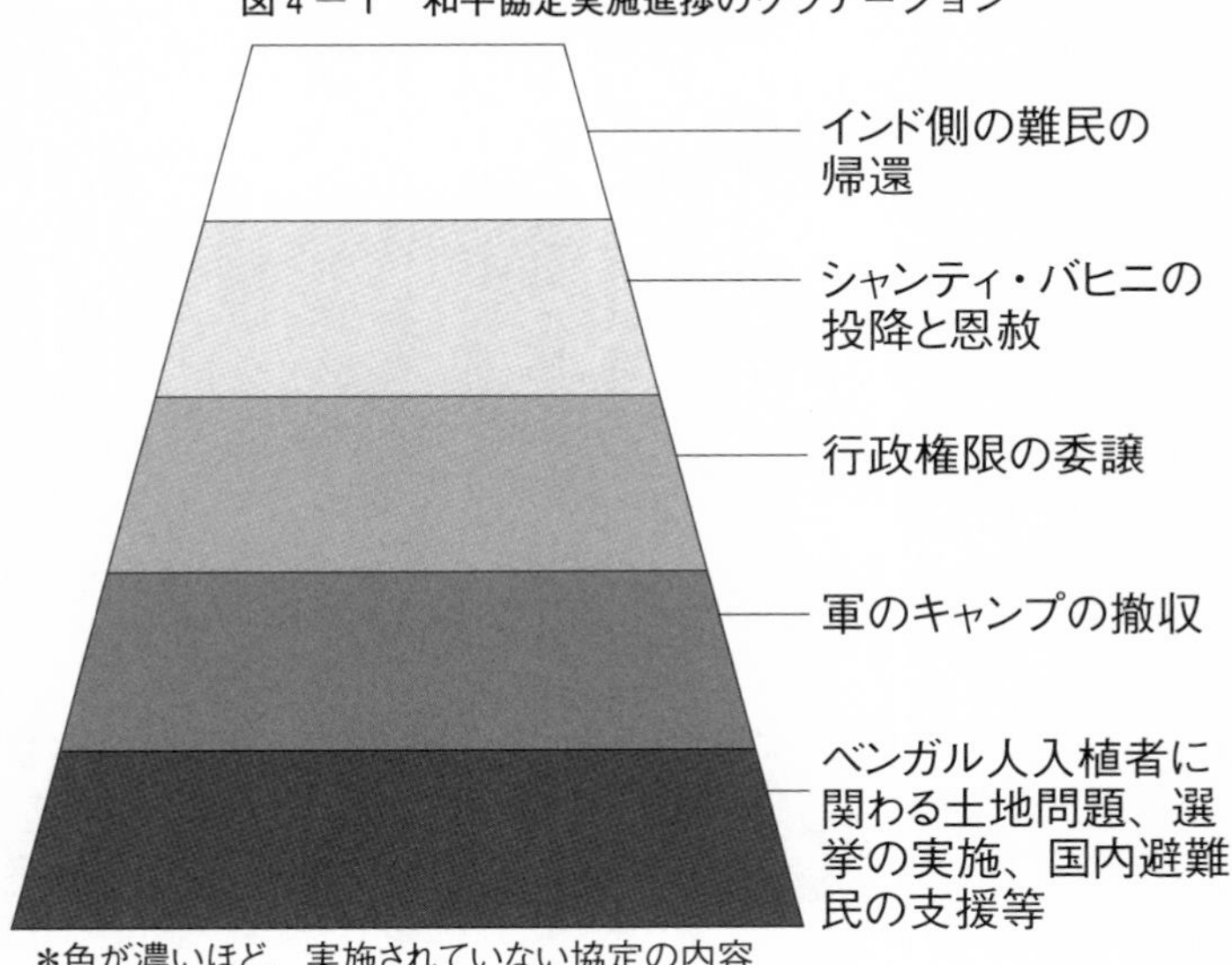

（出典）筆者作成。

は、複雑な利害要素が絡み合った事象で、政府の非協力的な態度が目立っている。ベンガル人入植者と深くつながる選挙の実施や土地問題の解決は打開策すら見えてこない。こうして見ると、ベンガル人入植者の存在が様々な事象でつながり合い、和平協定の実施に一番ブレーキをかける位置にいることがわかる（図４－１）。

和平協定は、バングラデシュ政権の中で１９９２年頃から難民問題が対インド外交問題として急速に重要案件化されたこと、そしてアワミ連盟という比較的インド政権との距離が近い政党の性格、ＰＣＪＳＳの中核メンバーの感じた「潮時」などが交じり合って成立したと言えるだろう。そして、進行が遅いいくつかの事案は、そもそも和平協定に不満を感じていたステークホルダーたちが、実施期限がないこと、憲法によるエスニック・マイノリティの認知がないことを理由にして、時間稼ぎをしている状態と言える。行政上の権限や土地の利用でうまみを感じていた人、ここでの超法規的な権限と予算を確保している軍、なんとかしてチッタゴン丘陵で生活を維持していきたいベンガル人入植者などが、和平協定実施のスポイラー(妨害者)と言えるだろう。

和平協定は、利害関係者の妥協による産物である。それを民族的潔癖さの物差しだけで測ることは本来的には間違っているのかもしれない。憲法や既存の法を一緒に乗り越える覚悟、実施のための意思と協力、そして政治的調整能力なしには、和平協定は意味をなさない。双方の責任だと言うのは容易いが、やはりチッタゴン丘陵の場合、エスニック・マイノリティにその責任を負わせるのは厳しく、政府側の意志力と政治的調整能力に大きく依存するしかない。しかし、バングラデシュ政府は、こうした政治的調整能力をいまだに生み出せていない。

これが果たして乗り越えられるものなのか、正直今の時点ではわからないが、人類が長く生き延びたいのであれば、民族意識を超えた相互依存と調和の社会を構築し、合理的に共存する方法を考え出すしかないだろう。

（１）各エスニック・マイノリティの名称と人口は、第2章の表2―1（38ページ）を参照。

（２）腰巻を見せるのは、「女性のように弱腰」という意味をもっていた。

（３）チャクマ民族に属し、ＰＣＪＳＳの代表であり、反政府抵抗運動の実質的リーダー。和平協定の署名者でもある。

（４）エルシャド大統領が設立した政党で、現地では「Jatio Party」と言われている。

（５）コートジボワールの初代大統領であったフェリックス・ウーフェ＝ボワニにちなんで、１９８９年のユネスコ総会で１２０か国の賛同によって、ユネスコの基本理念に基づき設置された賞。

（６）「部族（tribe）」という用語は憲法の中にあるが、これは後進性を意味し、保護の対象として使われる用語となっている。彼らが望んだのは、エスニック・マジョリティと同等の集団的権利を有する民族、もしくは先住民族（ベンガル語でAdivasi）といった存在として憲法での認知である。

（７）ただし、インドでは憲法上ではエスニック・マイノリティを指定部族（scheduled tribe）と規定しており、保護される人々として様々な優遇制度や自治を認めている。使われている用語の定義によって施策が変わるというより、対象者の権利をどの範囲まで含めるかという政治的判断の方が重要である。そういった意味では、バングラデシュにおける部族という言葉は、集団的権利に値しない存在といった使われ方が強く、そのグループを下位に見る傾向がある。

（８）国内避難民の支援を実行するために政府が定めた委員会。

〈参考文献〉

DeRouen, Karl. Jr, Ferguson, Mark. J., et al.（2010）Civil war peace agreement implementation and state capacity,

Journal of Peace Research, Vol. 47, No. 3, Special Issue on State Capacity and Civil War : 333–346.

Kreutz, Joakim (2015) *Civil War Outcomes and a Durable Peace : Setting the Record Straight*, Briefing Paper 17/2015, German Development Institute.

Licklider, Roy (1995) The Consequences of Negotiated Settlements in Civil Wars 1945–1993, *The American Political Science Review*, Vol. 89, No. 3 : 681–690.

National Human Rights Commission, Bangladesh (2014) *Implementation of the Chittagong Hill Tracts Peace Accord : Challenges and Human Rights Issues*.

PCJSS (Parbatya Chattagram Jana Samhati Samiti) (2022) *A Brief Report on Implementation of the CHT Accord Signed in 1997 between the Government of Bangladesh and the PCJSS*.

The Chittagong Hill Tracts Commission (2000) "*Life is not Ours-Land and Human Rights in the Chittagong Hill Tracts Bangladesh UPDATE4*", Organising Committee Chittagong Hill Tracts Campaign.

沈みゆく丘陵

和平協定後、内紛の暗黒へ

村のかまど

和平協定後のチッタゴン丘陵の現実

多くの人が素朴に関心をもつのは、１９９７年に和平協定が締結されてから、チッタゴン丘陵はどうなったのか、と言うことだろう。世界のエスニック・マイノリティから見れば、自分たちの自治権のために武力抵抗することの意味と実感をチッタゴン丘陵の事例から知りたいはずだ。私なりに、和平協定後のチッタゴン丘陵の実態を簡潔に要約するならば、以下のようになるだろうか。

まず和平協定後、以前のようなゲリラ戦や虐殺事件は減少し、平野部の開発事業が徐々にここでも開始された。しかし、銃を使った殺害は限られているものの、ベンガル人入植者による土地収奪が一段と激しくなり、収奪行為の延長線上で規模の大きい襲撃事件が毎年のように発生するようになった。軍も行政もこれを根本的に解決するどころか、実態を黙認している状態で、エスニック・マイノリティはじわりじわりと追いつめられている。

また、軍の基地はわずかに減ったが、その抑圧的な監視や介入は続いており、日常的なハラスメント、不当逮捕、拷問などが散発的に起きているだけでなく、エスニック・マイノリティ女性へのレイプ事件も多発している。土地収奪を目的としたベンガル人入植者による大きな襲撃事件が起きても、刑事事件として処罰されるケースは稀で、軍もこうした事件を裏でバックアップしている。

土地問題は、土地の所有と使用実態とがあまりにも錯そうしているため、その解決は絶望的で、何も進んでいない。そして和平協定の実施は、ＰＣＪＳＳによると２０２２年の段階で72項目中、完全実施が25項目、一部実施が18項目、未実施が29項目という状態で、今後どの程度進捗するのか全くわからない。

さらに悪いことに、エスニック・マイノリティ側の政治グループは４つに分裂し、近年１つ増えて５つのグループに分かれて対立しており、双方が脅迫、誘拐、殺人を繰り返している状態である。そのためエスニック・マイノリティ側の政治運動の弱体化が著しい。加えて、分派したグループによるチッタゴン丘陵住民への半強制的な献金徴収が続いており、住民がその重圧に苦しむ現実がある。

20年に及ぶ紛争で多くの犠牲者を出し、とうとう和平協定が締結された。人々はその時このような混沌とした未来を想像しただろうか。このまま国際社会がこの実態を見過ごし続けるならば、ここは「沈みゆく丘陵」となってしまう状況である。

進む国際開発支援とＮＧＯの進出

和平協定の締結は、チッタゴン丘陵の社会に様々な変化をもたらした。その最大なものは、開発事業の拡大ではないだろうか。開発事業は東パキスタン時代から積極的に展開されていたが、カプタイダムで見られたように、開発はエスニック・マイノリティにとってベンガル人社会の拡大であり、収奪的・排除的なものばかりだった。それはバングラデシュ時代になっても同じだった。１９７６年にはここの開発を調整するチッタゴン丘陵開発局が設置された。設立当初から局長はベンガル人が担っており、紛争期には戒厳令を理由に軍の司令官が務めてきた。98年までに１０００件、約28億タカの事業を実施してきたと言われている（ジュマ・ネット２００７：50）。紛争期に開発支援を行っていた団体は、アジア開発銀行、ユニセフ、ＷＨＯ、スウェーデン国際開発局（現・スウェーデン国際開発協力庁）などのみで、治安上の理由から開発機関の活動は限られていた。

和平協定が締結されると、ＤＡＮＩＤＡ（Danish International Development Assistance：デンマーク国際開発援助）、ＥＣＨＯ（European Civil Protection and Humanitarian Aid Operation：欧州委員会人道援助・市民保護総局）などの開発団体が積極的に支援活動を打ち出していき、バングラデシュで活動する開発支援機関で構成される The LCG Sub-Group（Local Consultative Group Sub-

Group：地域協議グループ・サブ・グループ）の中にもチッタゴン丘陵のサブ・グループが設置され、チッタゴン丘陵への支援に対する関心が高まっていった[1]。中でも、エスニック・マイノリティの文化と自立に焦点を当て、２００５年から始まった国連開発計画（United Nations Development Program：以下、ＵＮＤＰ）チッタゴン丘陵開発ファシリティ事業（Chittagong Hill Tracts Development Facility：ＣＨＴＤＦ）は、１億３０００万ドル規模で、チッタゴン丘陵の20郡、３２５７村をカバーするという、かつてない規模となった。チッタゴン丘陵に村委員会を設立し、３千５００～７千ドルの即効ファンドを３６００か所以上に配布する事業を通じて、チッタゴン丘陵の隅々までこれらの支援が入っていった。

またＵＮＤＰは多くのＮＧＯと連携を進めたため、チッタゴン丘陵のＮＧＯが急速に増加することになった。これらの活動資金は、主にオーストラリア、アメリカ、デンマーク、ＥＵ、日本が提供していた。このＵＮＤＰの新たな支援をめぐって、バングラデシュ政府からベンガル人入植者も対象とすることを強く要請されていたが、ＵＮＤＰとしては食料配給を受けているベンガル人入植者を除くという理由で、これを１割程度に抑えていた（ジュマ・ネット ２００７：50－53）。

チッタゴン丘陵では古くから仏教寺院を基盤に孤児院、中学・高校などの学校経営を行うＮＧＯ活動があった。それ以外には、キリスト教を基盤としたＮＧＯとしてカリタス、ＣＣＤＢ（Christian Commission for Development in Bangladesh）など、その活動は限られた状態であった。

和平協定後は、ＢＲＡＣ、ＰＲＯＳＨＩＫＡ、ＡＳＡ[2](Association for Social Advancement)などの平野部の巨大ＮＧＯが活動を展開すると同時に、エスニック・マイノリティが設立するＮＧＯも急増していった。エスニック・マイノリティが設立したＮＧＯの数は推定で40～50と言われており、ここで大きな役割を果たしている[3]。

こうした開発支援によって、チッタゴン丘陵はよくなったと思いますか？という質問を関係者からよく受ける。東パキスタン時代、そして紛争中の開発事業は、意図的にエスニック・マイノリティの土地を略奪し、開発の受益者から彼らを除外し、開発事業を通じてベンガル人の定住を促進する排除の論理が中心にあった。一方、和平協定後の開発支援は、エスニック・マイノリティを中心とした開発事業の事例が増えた点は評価できる。ただ、民族対立の緩和や人権回復の点で言えば、疑問が残るところである。

私は、ＵＮＤＰの巨大事業が始まって数年経った２００７年に、ランガマティ県でコンサルタント会社が開催したＵＮＤＰの中間評価のワークショップに参加したことがある。そのワークショップではＵＮＤＰの支援によってチッタゴン丘陵の住民がどう変化したのかをいくつかのキーワードに沿いながら、意見交換をする内容だった。コンサルタント会社のファシリテーターが、「ジェンダーの変化」「資金活用能力」「ビジネスの自営能力」と言ったホワイトボードにあったキーワードを順に取り上げて、参加者に意見を求めた。その中に「人権」というキーワードがあったのだが、司会者は困った顔をして、「これは飛ばしましょうか？」とちょっと苦笑いをして進行していった。私にとっては非常に印象的、かつ象徴的な場面だった。和平協定後も、ベンガル人入植者による土地の収奪、軍の不当な逮捕や拷問、レイプ事件などが発生する中、このＵＮＤＰの事業はなんとか実施されていたのである。和平協定後のチッタゴン丘陵は、開発支援と慢性的な人権侵害という、一見相いれない価値が共存する社会でもあった。

表5－1　チッタゴン丘陵における軍による人権侵害の件数（2004～13年）

殺害	16	略奪	36	寺院破壊	7
傷害	32	逮捕	559	宗教弾圧	17
レイプ	2	拷問	413	嫌がらせ	105
レイプ未遂	21	住居放火	5	不当退去	285

（出典）ジュマ・ネット（2015）『チッタゴン丘陵白書　バングラデシュ、チッタゴン丘陵地帯の先住民族　紛争・人権・内紛・土地問題 2007～2013』p. 28-29 をもとに筆者が作成。

残り続ける人権侵害

和平協定によって、平安な日常が戻るかもしれないと多くの人々が期待をした。多くの開発事業が展開され、マスコミも以前よりも正確な情報を流すようになってきていた。こうした一見「平和」と映る状況の中で、慢性的にエスニック・マイノリティに対する人権侵害が続いている。

日本のＮＧＯであるジュマ・ネットが、マスコミ報道や関係団体の情報をもとに２００４年から13年の10年間の事件を詳細に調べている。軍による人権侵害の総数は**表５－１**の通りである。軍は特別作戦の特権を使って、様々な名目でエスニック・マイノリ

表5－2　チッタゴン丘陵における対女性暴力の加害者数（2007～13年）

容疑者	レイプ殺人	殺人	レイプ	レイプ未遂	強制猥せつ	誘拐	合計
軍・BGB*・警察	0	0	4	18	2	0	24
ベンガル人入植者	8	7	52	37	41	14	159
エスニック・マイノリティ	0	1	7	1	6	16	31
不明	3	0	1	0	0	0	4
合計	11	8	64	56	49	30	218

*BGBは国境警備隊のこと（Border Guard Bangladesh）。
(出典)ジュマ・ネット(2015)『チッタゴン丘陵白書　バングラデシュ、チッタゴン丘陵地帯の先住民族　紛争・人権・内紛・土地問題 2007～2013』p. 55。

ティ住民を逮捕、拷問にかけているだけでなく、住居や土地を収用するための強制退去を頻繁に行っていることがわかる。あくまでも新聞などに掲載された事件の数だけなので、実態はこれよりさらに大きいと推測できる。ベンガル人入植者による襲撃事件も多発しているが、これはこの後見ていく。

またエスニック・マイノリティ女性のレイプ事件なども頻発しており、同じくジュマ・ネットの調査による結果が**表5－2**である。

表5－2を見ると、容疑者がベンガル人入植者に集中していることがわかる。集団の襲撃事件の際のレイプ件数はそれほど多くなくなり、むしろ日常生活で発生するレイプ事件の数が上回っている。軍や警察が加害者の場合はそれを隠ぺいすることもあり、告訴した場合も判決に至るケースは少なく処罰に至ることは稀で、逆に加害者から告訴を取り下げるようしつこく脅迫されることが多い。先進国でも

女性のレイプ事件の法的処罰が難航するが、ここでは抑圧的な政治体制がそれをさらに難しくしている。

終わらない襲撃事件

和平協定後も、襲撃事件が続いていることはすでに触れた。それらは紛争時とどう違うのかを見ていきたい。和平協定から最近までにあった、大きな襲撃事件をまとめたのが**表5－3**である。その数は11件で、平均すると2年に1回の割合で発生していることになる。

襲撃事件のきっかけを分類していくと、次の4つのタイプになる。

(1)土地収奪に関するベンガル人入植者とエスニック・マイノリティの間の抗争が発展して襲撃事件に発展しているもの。（6件）
(2)ベンガル人入植者を誘拐する事件が発生し、それをエスニック・マイノリティ側の行為と決めつけ襲撃事件につながったもの。（2件）
(3)日頃の争いやもめごとが発展して暴動化したもの。（2件）
(4)軍がエスニック・マイノリティの武装グループを調査した際、武装グループと軍の間で銃撃戦となったもの。（1件）

した襲撃事件

被害	加害者	その後の対応
死亡2人、重傷者9人、レイプ10人、寺院4つ破壊、約400軒の放火	ベンガル人入植者、軍	7人のエスニック・マイノリティと47人のベンガル人入植者が逮捕される。UNDPが事件とその後のドキュメンタリーフィルムを制作する。
レイプ2人、約50人負傷、約100軒の放火	ベンガル人入植者	5000人がインド・トリプラ州に避難した。
放火500軒、負傷7人、レイプ数人	ベンガル人入植者、軍	県が被害世帯に10万タカを支給。10人ほどが受け取りに来た。
死亡6人、負傷25人、約200軒の放火、寺院の破壊	ベンガル人入植者、軍	3人の逮捕。地元リーダーが郡長、内務大臣に開発をやめるよう抗議文を送っていたが、無視された。マスコミも情報を捏造し、エスニック・マイノリティが最初に銃を撃ち、ベンガル人入植者を襲ったと報道した。
エスニック・マイノリティ2人・ベンガル人4人が死亡、20人負傷、2つの寺院の破壊、100～200軒の放火	ベンガル人入植者、軍	政府は外出禁止令を出し、和解のためのミーティングを行い、議員なども仲介に入る。

表5－3　和平協定後に発生

日時	場所と発生理由
① 2003年 8月26～27日	カグラチャリ県マハルチャリ(Mahalchari)郡マハルチャリ 理由：UPDFがベンガル人のルパン・マハジャンを誘拐し身代金を要求した。怒りに駆られたベンガル人入植者らが抗議デモの最中、バザールの襲撃を始めた。それに対抗しようとUPDFのメンバーが銃を撃ち、暴動に発展。軍はガソリンをベンガル人入植者に提供し、放火を勧めた。
② 2004年 4月3日	カグラチャリ県マハルチャリ郡マイシュチャリ(Maischari) 理由：寺院の近隣の土地にベンガル人入植者が無理やり家を建てようとした。抗議した女性をレイプ、その後武器を持ったベンガル人入植者が大勢来て暴動化した。
③ 2008年 4月20日	ランガマティ県バガイチャリ(Baghaichari)郡サジェク(Sajek) 理由：３月頃から軍がベンガル人入植者の居住地域を無理やりつくり、緊張感が高まっていた。４月19日にベンガル人入植者がエスニック・マイノリティの家10軒を壊す。20日にはエスニック・マイノリティが違法なベンガル人入植者の家を壊す。仕返しにベンガル人入植者がエスニック・マイノリティを襲ったが、エスニック・マイノリティも応戦。その場に軍もやってきたが、見守るだけで、ベンガル人入植者が放火するのを止めなかった。
④ 2010年 2月19～20日	ランガマティ県バガイチャリ郡サジェク 理由：ベンガル人入植者がエスニック・マイノリティの土地に家を建てようとして、エスニック・マイノリティの人々がそれを妨害した。軍に見守られたベンガル人入植者が、家に火をつけた。抵抗したエスニック・マイノリティの人々は銃で殺された。軍のベンガル人入植者居住区づくりは、2008年から始まっており、その間も似たような襲撃事件があった。
⑤ 2011年 4月17日	カグラチャリ県ラムガー(Ramghar)郡 理由：ベンガル人入植者がエスニック・マイノリティの15エーカーの土地を占拠しようとし、それを止めようと軍に訴えたがダメで、４月17日、森にバナナを植え始めた。エスニック・マイノリティの側が昼休みに襲撃し、その報復で暴動となった。

被害	加害者	その後の対応
エスニック・マイノリティ学生35人入院・41人負傷、ベンガル人学生5人負傷、教師2人負傷、ベッドベディ(Vedbedi)の小学校破壊、車に放火	ベンガル人学生、ベンガル人入植者、軍	数日間外出禁止令が出される。
死亡1人、負傷エスニック・マイノリティ50人、400軒の放火、仏教寺院・ヒンドゥー寺院の破壊	ベンガル人入植者、軍	1500人がインド・トリプラ州に避難するが、入国を断られる。
47軒の放火	ベンガル人入植者、軍	
死亡5人(銃殺)	軍	政府関係者は、犯人はPCJSSと発言。
焼死1人、放火約250軒	ベンガル人入植者	外出禁止令が出される。
負傷4人、うち2人が入院	ベンガル人入植者	

↗の先住民族 紛争・人権・開発・土地問題2003〜2006』、ジュマ・ネット(2015)『チッタゴン丘陵白書 バングラデシュ、チッタゴン丘陵地帯の先住民族 紛争・人権・内紛・土地問題2007〜2013』をもとに筆者が作成。

日時	場所と発生理由
⑥ 2012年 9月22日	ランガマティ県ランガマティ市内 理由：ムスリム学生がエスニック・マイノリティ学生を蹴って、グループの抗争となった。それが拡大し、武器を手にしたベンガル人入植者たちが現れ、警察と軍はエスニック・マイノリティ学生を拘束。
⑦ 2013年 8月3日	カグラチャリ県マティランガ(Matiranga)郡 理由：エスニック・マイノリティがベンガル人入植者を誘拐したとして、軍に支援されたベンガル人入植者が村を襲撃。誘拐は作り話と後でわかる。
⑧ 2014年 12月16日	ランガマティ県ナニアチャール(Naniarchar)郡ブリガット(Burighat) 理由：ベンガル人入植者がエスニック・マイノリティの土地4.75エーカーを奪い、パイナップルを勝手に栽培。エスニック・マイノリティがそのパイナップルを切ったために暴動に発展。
⑨ 2015年 8月14日	ランガマティ県バガイチャリ郡 理由：郡のバラダム(Baradam)の和平協定に反対する強硬派がベンガル人リーダーを殺害したため、軍と銃撃戦になった。
⑩ 2017年 6月2日	ランガマティ県ランガドゥ(Langadu)郡 理由：被害にあったエスニック・マイノリティの葬式の時、ベンガル人入植者が挑発的な行進を行う。その結果暴動が始まる。
⑪ 2022年 7月5日	カグラチャリ県マハルチャリ郡 理由：2003年からベンガル人入植者がエスニック・マイノリティの土地を奪おうと対立が深刻になっていた。小さないざこざがきっかけで暴発し、ベンガル人入植者が襲撃を始めた。

(出典) Genocide in Chittagong Hill Tracts: https://www.angelfire.com/ab/jumma/index.html、Parbatya Chattagram Jana Samhati Samiti: https://www.pcjss.org/genocide-ethnicide-in-cht/、The Chittagong Hill Tracts Commission 2000, 2004, ジュマ・ネット(2007)『チッタゴン丘陵白書 バングラデシュ、チッタゴン丘陵地帯↗

1件を除くと、どれもベンガル人入植者とエスニック・マイノリティの間の蓄積していた緊張関係が暴発して、襲撃事件につながっている。この緊張関係は、ベンガル人入植者がエスニック・マイノリティの土地収奪を試み、それを守ろうとするエスニック・マイノリティとの間で生まれている。暴発する直前に、ベンガル人入植者側は常に近隣の軍キャンプの了解を取りつけている。すると軍は襲撃事件の発生現場の近くにいて、暴力行為は行わないが襲撃を止めることもなく、近くで見守っていることが多い。そのため銃を使った襲撃事件の件数は少なくなっている。

以上から、和平協定後は、襲撃事件のイニシアティブはベンガル人入植者側に移り、軍はそれを容認し、緩やかに監視するといった役割分担に変わっている。しかし、ベンガル人入植者と軍の相互依存関係は変わっていない。軍人の積極的加担が減ったこともあり、ベンガル人入植者は、ナタ、小刀、棒などの日常の軽微な道具を使っており、死者数は19人と減少している。レイプの数も12人以上とこれも減少しており、特に2010年以後は、襲撃事件のさなかにはレイプ事件が発生していない。逆に放火の件数は2000軒を超えており、これは和平協定前と変わらず暴力の手段として根強く残っている。

発生場所は、和平協定前も後もランガマティ県での事件が多く、次いでカグラチャリ県となっており、バンダルバン県では大きな襲撃事件は発生していない。そして、和平協定前と後でも続けて襲撃事件が起きている場所は、ランガマティ県のランガドゥ(Langadu)郡(計3回)、

図5－1　襲撃事件が多発した場所

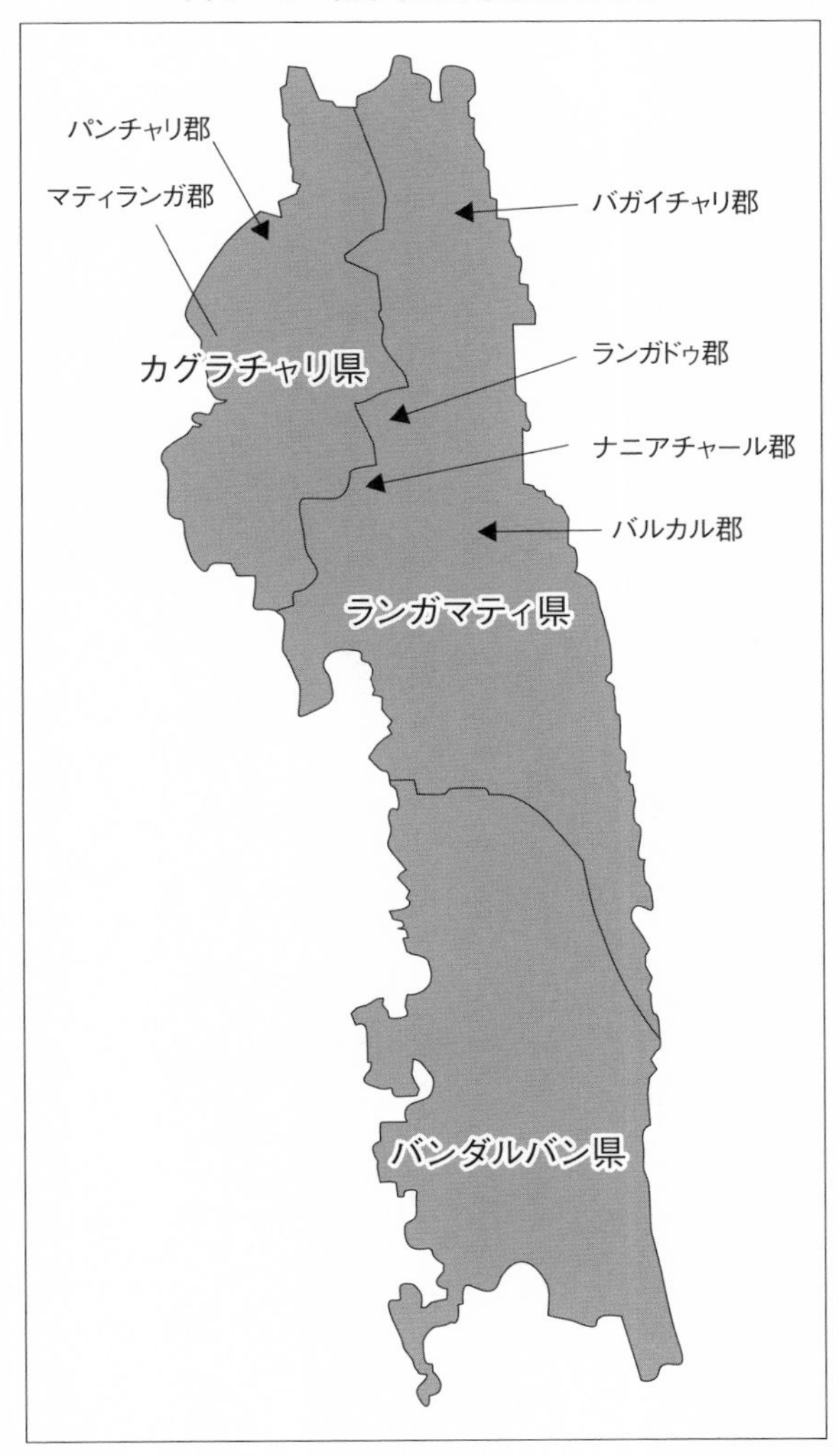

(出典)著者作成。

バガイチャリ(Baghaichari)郡(計4回)、ナニアチャール(Naniarchar)郡(計2回)、カグラチャリ県ではマティランガ(Matiranga)郡(計4回)となっている。これらの場所には、ベンガル人入植者のクラスター・ビレッジが集中している。また、インド国境に近いこともあり、治安部隊が多数配置されており、対立感情の増幅装置のような環境になっている。

襲撃事件の考察

和平協定前の襲撃・虐殺事件は、「シャンティ・バヒニへの報復」が大きな原動力となり、銃火器を使う襲撃が多発し、ベンガル人入植者、アンサル、自警団はそれに動員される傾向が見られた。初期に入植政策が進み、人口が拮抗していったマティランガ郡、バルカル郡、ランガドゥ郡、パンチャリ郡にそれらが顕著に見られた。銃火器の使用もあり、死傷者の数も多く、レイプ被害も頻繁に見られ、死体の損壊、残虐な殺害行為も見られている。

和平協定後の襲撃事件は、「土地の収奪をめぐる両民族間の小競り合い」が大きな原動力となり、土地の無断使用、作物の破壊、口喧嘩、誘拐事件などがきっかけになり、襲撃事件が暴発している。軍はこうした暴発の前に事前に暗黙の承認行為をしており、襲撃現場を後ろから見守り、モラルサポートをしている。銃火器の使用が減ったこともあり、死者数とレイプケースが減っているが、放火・収奪行為は和平協定以前と変わらない。

これは、クラスター・ビレッジの人口増加により土地収奪に走るベンガル人入植者の実情と、

写真5－1　2011年にベンガル人入植者に放火されたエスニック・マイノリティの家

(出典)Genocide in Chittagong Hill Tractsより。

ベンガル人入植者をチッタゴン丘陵に定住させるための居住区を確保しようとする軍の二つの要因が組み合わさって、生み出されている。和平協定前も後も一貫しているのは、インド国境沿いの地域にベンガル人入植者の居住地域をつくり、インド国境付近の統治力を高めるとともに、エスニック・マイノリティ・グループが国境をまたぐ抵抗運動を封じ込めていく「チッタゴン丘陵イスラム化」の思惑である。これを確実なものにするため、和平協定に賛同していないステークホルダーたちは、意識的に和平協定の実施を遅らせ、エスニック・マイノリティ抵抗グループの弱体化を図り、時間を稼ぐことに心血を注いでいるように見えてしまう。

内紛のブラックホールへ

和平協定後、新たに生まれ広がっている暴力がある。それはエスニック・マイノリティの政治グループの内紛という暴力である。武装抵抗する組織は、方針やリーダーシップに関連して内部で不信感が高まり、内紛につながることは珍しくない。

抵抗勢力内で分裂が発生する理由は二つ考えられる。一つは「政治方針の違い」をめぐってであり、もう一つは「勢力内部の派閥争いと不平等感」が高まった時だ。特に後者は役職、武器、待遇の違いだけでなく、決定プロセスが一部の派閥に偏った時に起きやすい。

シャンティ・バヒニにも、紛争中に発生した内紛が一度だけあった。

当時ＰＣＪＳＳの最初のリーダーであったマナベンドラ・ナラヤン・ラルマ（Manabendra Narayan Larma：以下Ｍ・Ｎ・ラルマ）は、バングラデシュ国内で自治を獲得する構想を考えていた。もう一人のリーダーであるプリティ・クマール・チャクマ（Priti Kumar Chakma）はインドの一部として独立する構想を打ち出し、二人は対立するようになった。１９８３年6月頃からその方向性をめぐって内紛状態となり、同年11月10日にＭ・Ｎ・ラルマとその家族がプリティ派に殺害される結果になった。その後Ｍ・Ｎ・ラルマの弟であるサントゥ・ラルマ（Santu Larma）[4]がＰＣＪＳＳのトップになり、同年12月には双方の間に激しい衝突が起きた。結局、エルシャド大統領の投降提案にプリティ側が合意し、84年4月に2500人の武装グループが投降したという。しかし、実際は100人程度のグループだったという情報もある(Mey 1984：135–136)。

和平協定後の内紛と分裂

和平協定後、最初のエスニック・マイノリティの政治グループの分裂は、和平協定の内容をめぐって不満をもった人々によって始まった。つまりこの時は「政治方針の違い」をめぐって発生した。1997年の和平協定は長い抵抗運動の末ようやく勝ち取ったものだが、長く犠牲を強いられてきたエスニック・マイノリティの人々、特に若いリーダーたちにとっては、妥協の産物に映った。「完全自治を追い求める」ことを目標に、翌98年に人民民主主義統一戦線(United People's Democratic Front：以下、UPDF)が結成され、PCJSSと対立関係に入った。やがてその対立は政治的方針の違いだけでなく、互いの誘拐・殺人といった暴力に発展していった。ピュアな民族アイデンティティから生まれるエネルギーが元の仲間に向かった時、その暴力性は衰えることもなく、より強烈なものになった。

2回目の分裂は「勢力内部の派閥争いと不平等感」の高まりだった。PCJSSの中心人物であるサントゥ・ラルマが縁故者を重視し、他者の主張を頑なに受け入れない運営体制に耐え

図５－２　エスニック・マイノリティの分裂の流れ

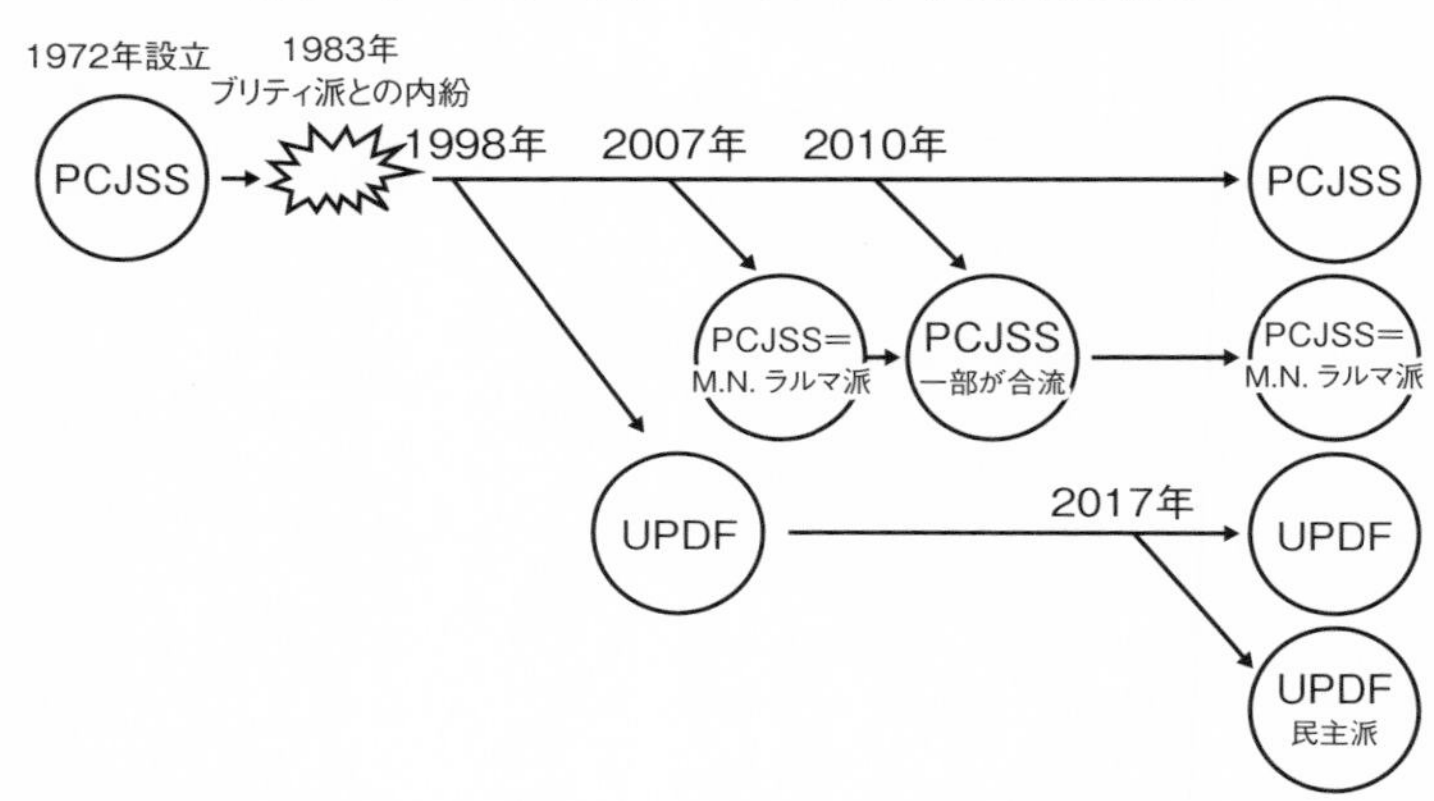

（出典）筆者作成。

切れなくなったスッダ・シンドゥ・キシャ（Sudha Sindu Khisa）ら複数のメンバーが２００７年にＰＣＪＳＳを離脱してＰＣＪＳＳ＝Ｍ・Ｎ・ラルマ派[5]を結成した。このグループは、時としてＵＰＤＦとも連携する動きを見せたりもしたが、基本的には独自路線で現在も活動をしている。10年にＰＣＪＳＳはさらに分裂し、このＰＣＪＳＳ＝Ｍ・Ｎ・ラルマ派に合流するメンバーが現れた。

３回目の分裂は同様に「勢力内部の派閥争いと不平等感」が原因だった。２０１７年に、ＵＰＤＦの中心人物であるプロシット・キシャ（Prosit Khisa）の独善的な運営に反対して、タパン・ジョティ・チャクマ（Tapan Jyoti Chakma）らがＵＰＤＦ Democratic（以下、ＵＰＤＦ民主派）として独立することになった。現在では４つのエスニック・マイノリティ分派が乱立する状態で、互いに誘拐・殺人を続ける混沌とした状態が続いている。

しかし、新しいグループの規模や活動、拠点等について詳しいことはわかっていない。

内紛による死傷者の数については、様々な数字が新聞報道等でされている。[6] インドの紛争管理協会(Institute for Conflict Management)の情報によると、和平協定後の1997年から2002年8月28日まで、内紛による抗争で627人が殺されており、そのうち321人はUPDF、204人はPCJSS、92人はPCJSS＝M・N・ラルマ派、10人はUPDF民主派であるとしている。さらにバングラデシュの治安部隊の公表した情報では、和平協定後、480人のエスニック・マイノリティ、190人のベンガル人が殺され、660人のマイノリティと650人のベンガル人が負傷。また、910人のエスニック・マイノリティと、384人のベンガル人が誘拐されているとしている。さらに、16人の治安部隊が武装グループに殺害され、軍は3000以上の火器を回収、25万の爆弾を05～21年で回収したと報告している。[7]

一見、政治的な主張の違いで4つの政治グループが抗争を展開している印象をもつが、ウェブサイトや機関誌を使って政治的立場を表明しているのは、PCJSSとUPDFだけである。PCJSSは和平協定の実施を主な主張とし、UPDFは設立当時は和平協定の内容が妥協的として、完全自治を主張していた。ただ現在は、様々な抗議運動や声明を発表している。その中でも和平協定の実効性の課題を取り上げ、完全自治をさらに目指すといった発言が目立つ。残りのPCJSS＝M・N・ラルマ派、UPDF民主派については、詳細な政治主張は明確にわかっていない。

内紛の原動力は何か

第三者的で冷めた言い方になるかもしれないが、チッタゴン丘陵のエスニック・マイノリティの現在の政治力で、和平協定の実現以上の理想を追求できないことは明確である。むしろ和平協定の完全実施すらも危うい状態と言える。圧倒的な数の軍が駐屯する中で、バラバラに分裂したエスニック・マイノリティの政治グループがさらに高い理想を掲げるのは現実的だとは思えない。国際人権NGOもどのグループを支援していいのか混迷し、国際的な支援も失速している。しかし、これだけ多くの死者、誘拐、負傷者を出してまで互いに争う原動力とは何なのだろう。それを「政治方針の違い」と考えがちだが、果たしてそうだろうか。どうしたらここまで悲惨な暴力を互いに続けることができるのだろうか。

おそらく今の内紛を一段と悪化させている原動力の一つに、資金の問題があると考えられる。4つの政治グループの主な資金源は、地域の住民から徴収する献金である。献金と言っても徴税に近く、支払いを拒否すると脅迫され嫌がらせをされるため、住民は拒否することが難しい。こうした徴税の利権をめぐる縄張り争いが背後にあると考えられる。この制度は、紛争中にPCJSSが始めたものだが、現在は和平協定後に分裂して誕生した4つの政治グループが、徴税地域の主導権をめぐって抗争が激化していると考えられる。

ベンガル人でも商売をしていれば、4つのグループへの献金を払わなければならない。金額は様々で、ある新聞記事によると、[8] ＰＣＪＳＳは牛やヤギの売上げの10％を、ＵＰＤＦとＰＣＪＳＳ＝Ｍ・Ｎ・ラルマ派は牛の売上げに対して150～200タカ、ヤギは100タカとしている。エスニック・マイノリティ世帯は定期的に徴収され、裕福な世帯はＰＣＪＳＳとＵＰＤＦに600タカを、中流世帯は500タカをＰＣＪＳＳに、400タカをＵＰＤＦとＰＣＪＳＳ＝Ｍ・Ｎ・ラルマ派に支払うよう求められる。低所得世帯は300タカをＰＣＪＳＳに、200タカをＵＰＤＦとＰＣＪＳＳ＝Ｍ・Ｎ・ラルマ派に払うと言う。開発事業や建設工事の受託にも徴税がされ、契約者は事業費の10％を払うことが要求され、これとは別に宗教行事の前夜に集めることもある。

政府情報局によると約2000人が違法な税徴収をしており、ＵＰＤＦが750人、ＰＣＪＳＳが900人、ＰＣＪＳＳ＝Ｍ・Ｎ・ラルマ派が350人と見込んでいる。これらのお金は武器や爆弾の購入、研修や報酬を払うために使われると見ている。[9] カーン（N. A. Khan）は、現地住民のインタビューから以下のような情報を得ている。

和平協定前はＰＣＪＳＳの税だけで、支払い期間も交渉できた。しかし、和平協定後、新しいグループがやってきて、数回にわたって税を払わなければならなくなった。毎週・毎月ごとにお金を請求してくる。額も決まっておらず、40、50、100、500タカの時もある。

彼らは我々のボートを止めて、全部持っていく。私はパパイヤを売りに行ったが、途中で彼らに止められ、お金とほとんどの果物を持っていった。彼らの中には和平協定に賛成する者も反対する者もいた。これではここで生活できない（Khan 2001：42）。

こうしたグループは、小さいエスニック・グループを狙う傾向があり、大きな町の大きなグループを狙わないという報告もある（Rahman 2011：105）。法執行者によると２０１７年には38億２１０万タカ、18年には36億７２２０万タカが集められているという（Acharjee 2019-12-2）。

新しい武装グループの登場

最近新たな武装グループが登場し、状況がさらに複雑になっている。

ナタン・ロンチェウ・ボム（Nathan Loncheu Bawm）に率いられるクキ・チン国民戦線（Kuki-Chin National Army：以下、ＫＮＡ）という武装グループが、２０２１年からチッタゴン丘陵で活動を始めた。そして、22年４月17日にランガマティ県でエスニック・マイノリティ市民を２人、同年６月21日に４人を殺害している[10]。

ＫＮＡの目標はチッタゴン丘陵に自分たちの自治州をつくることで、「今の和平協定はクキ・チン[11]の人々でなくチャクマ（Chakma）[12]のためのものだ」と２０２１年12月30日の Facebook に公表している（Bhattacharjee 2022-8-31）。クキ・チン国民戦線は08年にクキ・チン全国開発機構（Kuki-Chin National Development Organization）として設立された。参加している民族は、バンダルバン県に集住するボム（Bawm）、パンクア（Pankua）、ルシャイ（Lushai）、クミ（Khumi）、ムル（Mru）、キャン（Khiang）と公表している。ランガマティ県サジェク（Sajek）郡からチッタゴン丘陵東部は祖先の土地であり（図5―3の地図のグレーの部分）、ここに独自のクキ・チン領域州の設立を求めている。メンバー数はインドのミゾラム州とチッタゴン丘陵で3千～4千人で、ゲリラのトレーニングをミャンマーのカチン州、カレン州、インドのマニプール州で実施したと公表している（Solomon 2022-6-04）。また一方でKNAは大きな武装グループとなっても、バングラデシュ政府や軍への攻撃はしないとも公言していた。ボム民族の一部が参加しているが、バンダルバン県のキャンの地域のリーダーは、身近な者で参加した者はいないとも証言している（Ahmad 2022-06-30）。

2022年10月、政府は、KNAがイスラム過激派ジャマツル・アンサル・フィル・ヒンダル・シャルクイヤ（Jama'atul Ansar Fil Hindal Sharqiya）に軍事訓練を提供しているという情報を得たとして、10月10日から緊急行動部隊（Rapid Action Battalion）が、その実態を調べるためチッタゴン丘陵バンダルバン県で捜索作業を展開し、7人のイスラム過激主義者、3人のKNAのメンバーを逮捕した。訓練の代償としてKNAは、月30万タカのお金をその過激派から受け取っていたとしている（The Daily Star 2022-10-22）。しかし、KNAは10月19日、イスラム武装グ

図５－３　KNA が要求している自治区の範囲

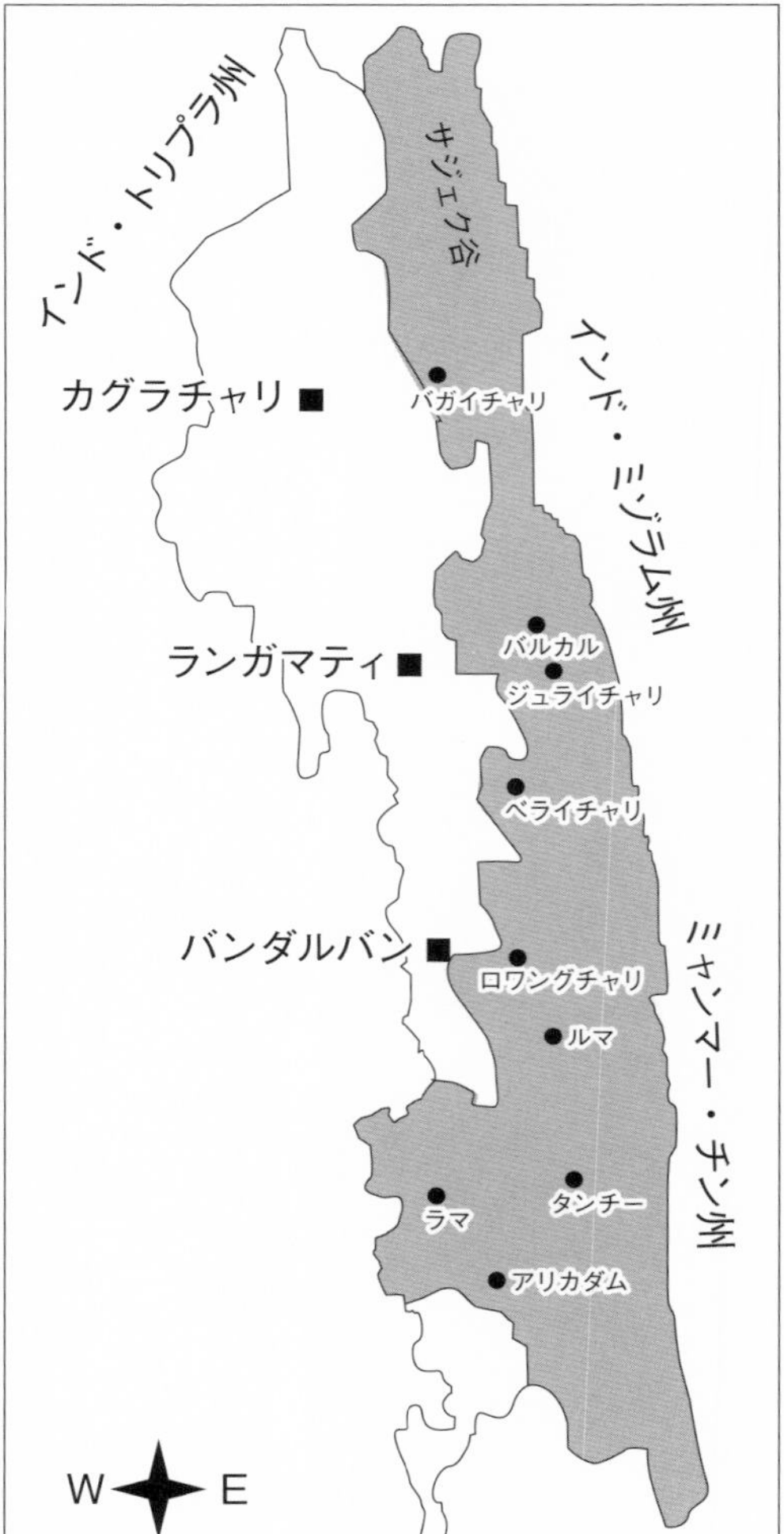

（出典）Wikipedia より筆者作成。

ループとの関係はないとビデオメッセージで主張しており、実態は混迷を極めている(United News of India 2022-10-19)。

その後、軍がＫＮＡの掃討作戦を開始したため、巻き込まれることを恐れた住民約1万人がインド・ミゾラム州に避難する事態となった。ミゾラム州は最初の約５００人を受け入れたが、それ以後は受け入れを拒否し、多くの住民はジャングルでの生活を余儀なくされている。２０２３年1月30日には軍人１人が殺害され、３月12日はさらに1人の軍人が殺害され道路建設請負業者12人が誘拐される事件を起こしている。そのような混沌とした状況の中、４月６日、ＫＮＡとＵＰＤＦ民主派との間で銃撃戦があり、８人のＫＮＡが殺害されたとマスコミが報じた。チッタゴン丘陵国際委員会は、４月12日にプレスリリースを出し、４月６日早朝に政府に雇われたグループによって誘拐されたボム市民22人のうちの軍服を着させた8人を殺害したもので、残りは解放したと発表した。５月17日には軍人２人が殺害される事件が発生しており、事態は今でも不透明な状態である。

多くの関係者は、数の少ないボム民族が、突然武装グループを立ち上げたことに不自然さを感じており、軍諜報局(Directorate General of Forces Intelligence：ＤＧＦＩ)が仕掛けたもので、エスニック・マイノリティの内紛をさらに複雑にするための工作ではないかという声が多い。

専門家たちの推測では、軍の側が内紛工作を仕掛けたところ、ＫＮＡが資金目当てにイスラム過激派と接触したため、政府のテロ対策部隊が動き出し、国内の政治問題に発展した。仕方なく、軍は一転してＫＮＡへの対抗姿勢を演じているのではないか、という見方も噂されている。

エスニック・マイノリティの政治グループの分裂と抗争が、ここまで広がり、いまだに収拾されていないことに対して、地域住民は常に、軍諜報局の働きかけが背後にあると囁く。もしそうだとしたら、なぜ彼らはここまでするのだろうか。

チッタゴン丘陵はインド北東部とミャンマー・チン州、ラカイン州と国境を接しており、この地域は反政府活動だけでなく、武器やドラッグの密輸も活発な地域である。またチッタゴン港と北東インドをハイウェイでつなぐ計画が今も進んでおり、もしそうなればこの地域は重要な経済活動の要となる場所になる。ここに多くのベンガル人を移住・定住させ、国境付近を「ベンガル化」「イスラム化」させることで、ここの地域のコントロールを盤石なものにしたいという思惑があると考えられる。そのために、エスニック・マイノリティの政治力の拡大を望まない人々は、内紛による弱体化を望んでいるのではないだろうか。

内紛は軍に三つの非常に都合のいい状況を生み出してくれる。一つは、エスニック・マイノリティの血気盛んな政治グループメンバーらが自らのリスクと資金で弱体化(死亡)していくことだ。二つ目は、「危険な地域なのでここに軍がいる必要がある」という存在理由が生まれること、三つ目は、内紛によってエスニック・マイノリティの政治主張が混乱し、国内外の支援活動が一緒に停滞していくことだ。軍が直接手を下すことのリスクを考えれば、時間はかかるが非常に都合のいいやり方だ。

特にＫＮＡのケースは、これまでのチャクマ主流の抵抗運動に割に合わない思いをしてきたバンダルバン県の小さなエスニック・マイノリティの意識を反映しているものの、住民の政治的高まりがないまま突然始まった感は否めない。

こうした内部抗争の悪循環による消耗はチッタゴン丘陵だけでなく、国外の運動にも影響を与えている。国外の支援団体がどのグループと接触しても、現状では今の内紛の色分け議論に回収されてしまう。また、内紛や徴税による犠牲者は一般市民であり、残された内紛犠牲者の家族や子どもたちである。特に夫が殺害されて残された家族の問題は深刻である。

チッタゴン丘陵は、表向きは終戦、和平が成立し、平野部と同様の開発事業が展開している。しかし、内実は軍の支配、さらにベンガル人入植者による土地収奪と襲撃事件が止まらない状態にある。そして日常的に発生する軍や警察、ベンガル人入植者らによる人権侵害、レイプが横行し、さらに内紛の重さが加わり、出口の見えない状況が続いている。表向きは平和、しかし、実態は「沈みゆく丘陵」となっているのである。

（1）これらのグループには、アジア開発銀行、オーストラリア、ＣＩＤＡ（カナダ国際開発庁）、デンマーク大使館、ＤＦＩＤ（旧・イギリス国際開発省）、EC-Delegation（欧州連合調査団）、ＦＡＯ（国連食糧農業機関）、フランス大使館、国際赤十字社、国際移住機関、日本大使館、ロシア大使館、ＳＩＤＡ（スウェーデン国際開発協力庁）、ユニセフ、ＵＮＤＰ、アメリカ大使館、世界銀行などが参加しており、開発の議題の議論や情報共有を図っていた。議長はＵＮＤＰが務めている。

（2）この3つは、バングラデシュ人によって設立された現地のＮＧＯで、全国に支部をもつ巨大ＮＧＯである。農村開発の様々な支援と合わせて、貯金グループから集めた資金をもとに、ローンの貸し出しなどを広範囲に行い、農村銀行業を盛んに展開している。

（3）筆者が２００４年に現地ＮＧＯ事務所を訪問調査した際、カグラチャリ県で11団体、ランガマティ県で18団体の数を確認している。The Daily Star 2010-7-3 の記事には、外国から資金を受け取っているＮＧＯは、３県で36あるとしている。https://www.thedailystar.net/news-detail-145159

（4）本名は Jyotirindra Bodhipriya Larma であるが、Santu Larma として一般には知られている。

（5）ＰＣＪＳＳを１９７２年に設立したリーダーであるＭ・Ｎ・ラルマの思想に立ち返って協働することを志向するグループ。しばしば「ＰＣＪＳＳ改革派」というグループ名がメディアなどにも登場するが、基本的には「ＰＣＪＳＳ＝Ｍ・Ｎ・ラルマ派」のことで、「改革派」は、ＰＣＪＳＳ側が使う呼称でありこう呼ばれることを望んでいないと言われている。ここでは、引用部分を除き、「ＰＣＪＳＳ＝Ｍ・Ｎ・ラルマ派」で統一する。

（6）和平協定後から、２０１７年9月30日までに、ＰＣＪＳＳ、ＵＰＤＦ、ＰＣＪＳＳ＝Ｍ・Ｎ・ラルマ派の３つの団体は２１９９人を殺害し、２２９０人を負傷させ、２３９２人を誘拐したとする記事もある（Tarafder,

A. (2017) Implementation of CHT Peace Accord, 2017-12-04, *The Independent Bangladesh.* https://www.theindependentbd.com/arc/pre_page/2017-12-04/6)。

(7) Eurasia review news & analysis by S.Binodkumar singh 2021-12-21. https://www.eurasiareview.com/21122021-bangladesh-factional-killings-in-chittagong-hill-tracts-analysis/

(8) Ahamed Ulla, 2017-01-7, *Daily Sun,* CHT turns into safe heven for extortionists. https://www.daily-sun.com/post/196571/CHT-turns-into-safe-haven-for-extortionists

(9) 前掲(8)。

(10) 殺害された者は他の武装グループではなく、一般市民と言われている。

(11) クキ・チンは、ミャンマー・チン州、インド・ミゾラム州にルーツをもつ人々の総称。彼らのほとんどはバンダルバン県に住んでおり、数も少なく、チッタゴン丘陵のエスニック・マイノリティの政治では中心的な役割を果たしてこなかった。

(12) チャクマはチッタゴン丘陵の11の民族で最大で、抵抗勢力の中心的民族である(第2章参照)。

〈参考文献〉

ジュマ・ネット

(２００７)『チッタゴン丘陵白書 バングラデシュ、チッタゴン丘陵地帯の先住民族 紛争・人権・開発・土地問題 ２００３～２００６』。

(２０１５)『チッタゴン丘陵白書 バングラデシュ、チッタゴン丘陵地帯の先住民族 紛争・人権・内紛・土地問題 ２００７～２０１３』。

Acharjee, Deepak (2019) 2 December, *The Independent Bangladesh.* https://www.theindependentbd.com/

printversion/details/226052

Ahmad, Turaj (2022) 30 June, *Bdnews24*. https://bdnews24.com/bangladesh/in-chattogram-hill-tracts-a-new-group-of-armed-insurgents-is-making-waves.-who-are-they

Bhattacharjee, Giriraj (2022) 31 August, *Eurasia Review news & analysis*. https://www.eurasiareview.com/31082022-bangladesh-cht-and-violent-factionalism-analysis/

Khan, N. A. (2001) *The Vision and Visage of the Chittagong Hill Tracts : A People's Account*, Chittagong Hill Tracts Development Board.

Mey, Wolfgang (1984) *Genocide in the Chittagong Hill Tracts, Bangladesh*, IWGIA.

Rahman, M. (2011) *Struggling Against Exclusion : Adibasi in Chittagong Hill Tracts, Bangladesh*, Lund University Publication, Lund.

Siddiqui, M. S. H. and Chakma, A. (2016) State-building, Identity Crisis and Ethnic Conflict : The Case of Chittagong Hill Tracts (CHT) of Bangladesh, *Journal of Sociology*, Vol. 8, Issue 2 : 7-20, Nazmul Karim Study Center, University of Dhaka.

Solomon, Lt. Co (2022) 4 June, *Mahabuhu News*. https://mahabahu.com/brief-history-of-emergence-of-the-knf-in-chittagong/

The Daily Star 2022-10-22. https://www.thedailystar.net/news/bangladesh/news/militants-given-arms-training-hills-rab-3148811

Tarafder, Abbas (2017) Implementation of CHT Peace Accord, 2017-12-04, *The Independent Bangladesh*. https://www.theindependentbd.com/arc/pre_page/2017-12-04/6

United News of India 2022-10-19. https://www.uniindia.com/operation-of-joint-forces-in-hills-of-bangladesh-knf-forced-to-retreat/world/news/2845463.html

第6章

「先住民族はいない」言説の誕生

先住民族の権利に関する国連宣言の脆弱性

調理する女性

先住民族の権利に関する国連宣言に期待をするチッタゴン丘陵の人々

チッタゴン丘陵のエスニック・マイノリティにとって、自らの文化を維持し人間らしく生きていくためには、最低限の自決権・自治権が必須であった。これを後押ししてくれる国際社会の言説の一つに、「先住民族の権利」という概念があった。この概念が国連で議論され始めたのは1970年代で、国際的にも注目されてきた。第1章でも触れたように、これまでの様々な国際文書でエスニック・マイノリティの権利が取り上げられたが、自決権にまで踏み込んだものはわずかしかなかったからである。世界のエスニック・マイノリティは、国連での先住民族の議論に、自分たちの自決権を盛り込むよう働きかけた。その影響からチッタゴン丘陵のエスニック・マイノリティも、自らを「アディバシ(adivasi)[1]」と呼び、自決権を有した存在だと自分たちを表現することが多くなっていった。87年のエルシャド大統領との交渉時からすでに「自決権を憲法で認知」することを要求しており、国連を中心とした先住民族の議論も注目していたと思われる。

先住民族の自決権を明記した「先住民族の権利に関する国連宣言」(以下、国連宣言)が2007年9月に国連総会で採択されると、各国のエスニック・マイノリティは活気づいた。バングラデシュ国内でも平野部とチッタゴン丘陵のエスニック・マイノリティによる「先住民族の権利の認知」を訴える活動が00年頃から活発になっていった。バングラデシュの政治家たちの間でも、それを認知していく雰囲気があったが、11年を境にこれが大きく下降する。そのプロセスと言説の内容を見ていきたい。

国連宣言が内包する脆弱性

まず国連宣言がもつ脆弱性について見ていきたい。

国連宣言は、包括的に先住民族の権利保護を明記したという点において、画期的であった。しかし、先住民族の定義をめぐってなかなか収拾がつかず、最終的に「先住民族と自分で認知する者を先住民族とする自己認知」を基本とする、悪く言えば曖昧な条件となった。このことで混乱する事例が発生している。国連宣言では、植民者よりも「先に」その領域に暮らしていたという先住性は、もはや先住民族の絶対的な要件ではないとしたものの、土地に対する権利が認められる先住民族と、認められない民族的少数者の境界線はどう決められるのかという問題が残っている（小坂田２０１７：２５６）。そして、先住民族の具体的な定義をしなかったことで、エスニック・マイノリティの権利拡大に慎重な国家側に、何を「先住」とするのかという議論が入り込むようになっている。

また、国連宣言は先住民族の権利を理念の形で表したが、法的な拘束力をもたないので、国家の政策や国内法の修正を必ずしも義務としていない。多くの国は、現行の法律の中で、先住民族に対して対策をすでに十分行っているとした立場に立つことが多い。

国連宣言は、誰が最初にそこに来たのかという問題に固執せず、独特なアイデンティティ及び生活様式をもち、土地及び天然資源の剥奪や文化的表現の否定といった抑圧及び差別の歴史をもつ点で、伝統的先住民族と類似の特徴及び経験を有するエスニック集団にも適用されると解釈されている。それにもかかわらず、国連宣言の適用をめぐって国家の側は、①問題の民族は先住民族ではない、あるいは自国民すべてが先住民族であるという主張、②国連宣言は法的拘束力をもたないという主張、と2つの否定的見解が存在している(小坂田2017：97‐99)。

また、国連宣言では、先住民族の自決権を認めたことも重要である。ただ、現行の国家の自決権を侵害しない、分離独立を促さないという配慮から、第46条の1に「本宣言のいかなる規定も、いずれかの国家、集団あるいは個人が、国際連合憲章に反する活動に従事したり、またはそのような行為を行う権利を有することを意味するものと解釈されてはならず、もしくは、主権独立国家の領土保全または政治的統一を全体的または部分的に分断し、あるいは害するいかなる行為を認めまたは奨励するものと解釈されてはならない」と規定している。そして、国連宣言の前文の「先住民族の状況は地域ごとに異なること、並びに国及び地域の特殊性の意義と多様な歴史的、文化的背景が考慮されるべきことを認識して」という点も、アジアやアフリカのエスニック・マイノリティの先住性の証明が難しく、こうした課題を抱えた国家の了解を取りつけるために加えられた一行である。これらは既存の国家の国連宣言への賛同を得るための仕方ない調整であったと考えられる。

窪田幸子はアメリカ、オーストラリア、カナダ、ニュージーランドのような事例で周辺化した民族を、「顕在的先住民」(Indigenous People with official recognition)とし、そうでないアジア、アフリカのエスニック・マイノリティを潜勢的先住民(Indigenous People without official recognition)と分け(窪田２００９：4-5)、潜勢的先住民は、エスニック・マイノリティの中でも先住民をめぐる国際的言説や知識、ＮＰＯによる働きかけとつながり、自らの活動に活かしていくことができる可能性があり、つまり現在置かれた状況からさらに潜勢的先住民へ、そして顕在的先住民へ移行していくようなベクトルをもつ人々であるとしている(窪田２００９：8-9)。そして「先住(indigenous)」とは「独自で」「土着の」「元々の生活様式、文化をもつこと」であるのに、国家の側は「後・先」を重要なポイントとして考えるようになってしまっているとし、先住民は政治的・社会的文脈において少数者の自己の差異化の主張が最も有効かつ妥当性をもつカテゴリーとして、構築的に立ち現れている。そしてこのそれぞれの場での権利回復の「構築」は、多様な意味で脱植民地状況にある現代の国際社会と国家の抱える矛盾に直結するとしている(窪田２００９：12-13)。

エスニック・マイノリティの独自で土着の文化や生活様式に価値を置かず、「先住性」の事実に議論をもち込むことで、国連宣言の価値を無意味化する国家側の言説を、バングラデシュの事例を見ながら検証していきたい。

チッタゴン丘陵和平協定以後――先住民族の容認姿勢がにじむ政府

バングラデシュ政府は、１９９０年代から活発になってきた国内の先住民族概念とどう向き合ってきたのだろうか。

バングラデシュ政府は１９５７年の部族の保護と同化を規定したＩＬＯ第１０７号条約は批准しているが、89年のＩＬＯ第１６９号条約には「自決権」という単語があることからこれを批准していない(Nafis 2021-7-8 : 2)。政府関係者は少なくとも93年頃から、バングラデシュの部族の人々は先住民族ではないと定期的に発言してきたとする見解もある(Chowdhury, M. S. 2014 : 28)。２０１０年には、少数エスニック・グループ文化機構法(Small Ethnic Groups Cultural Institutes Act)が制定されているが、あくまでも言語や工芸品、文化全般の保護と促進を規定したものである。

１９９７年のチッタゴン丘陵和平協定は問題こそあるものの、バングラデシュのエスニック・マイノリティにとっては自らの権利の一部を勝ち取った明確な事例であり、バングラデシュの平野部のその他のエスニック・マイノリティに与えた影響力は大きかった。この和平協定以後、バングラデシュのエスニック・マイノリティの間でも国際的に論じられていた「先住民族」という新たな権利概念に関心が高まっていた。その理由の一つとして、2000年のモハマッド・ブディウザマン（Mohhamad Budiuzzaman）の、最高裁判所高等裁判所部門への提訴である。丘陵県議会の選挙・被選挙対象者が特定の民族に限られており、バングラデシュの憲法で保障されている政治参加への平等権を侵害していること、そして憲法で保障されている統一的地方自治システムに違反しているという主張である。こうした裁判で違憲性が問われると、憲法に先住民族の権利を明記しない限り、エスニック・マイノリティの権利回復は実現しないのではないかという危機感があった。バングラデシュ・アディバシ・フォーラム（Bangladesh Adivasi Forum）が2001年に設立されたのも、こうした意識を反映してのことだった。

バングラデシュ・アディバシ・フォーラムの代表は、チッタゴン丘陵和平協定に署名したPCJSSの代表であるサントゥ・ラルマ、事務局長はガロ民族のサンジーブ・ドロン（Sanjeeb Drong）で、全国のエスニック・マイノリティのリーダーたちがそこに加わって構成されている。このフォーラムの最大の目的は、バングラデシュの先住民族の権利回復と憲法上での認知である。先住民族の権利回復のアピールのため、毎年8月9日の世界の先住民族の国際デー[2]の式典を建国記念碑のある首都ダッカのショヒッド・ミナール広場で行い、先住民族の権利回復を主張してきた。式典では、各地から集まったエスニック・マイノリティの舞踏や歌などが披露され、国際機関、政治家、知識人らの挨拶や提言が行われ、エスニック・マイノリティの権利回復と政治的主張を打ち出す場となっている。この式典は2003年から毎年開催され、現在も続いている。

このイベントの開催記念誌に、バングラデシュ民族主義党(BNP)の党首カレダ・ジアが2003年に、アワミ連盟の党首シェイク・ハシナは03・04・09年に祝辞を掲載している。後に外務大臣になり「先住民族はいない」と主張したディプ・モニ(Dipu Moni)も08・09年の式典で挨拶をし、権利を訴える横断幕を持って写真に写っている(**写真6―1**)。

ここからは、この時期のチッタゴン丘陵国際委員会の動きとバングラデシュ政府の反応を見ていく。

チッタゴン丘陵国際委員会は、1989年に、チッタゴン丘陵におけるバングラデシュ軍の人権侵害を訴えるためにヨーロッパの人権団体や世界の先住民族の権利回復に関わる先住民族リーダーたちによって設立された団体だった。[3] 弾圧から逃れたインド・トリプラ州のエスニック・マイノリティの難民キャンプやチッタゴン丘陵内を現地調査し、詳細な人権侵害を知らせる報告書『Life is not Ours』を発表し、大きな議論を巻き起こした。『Life is not Ours』はその後2000年までに4回発表されたが、チッタゴン丘陵和平協定後チッタゴン丘陵のエスニック・マイノリティの活動が分裂するにしたがって、チッタゴン丘陵国際委員会の活動は終息していった。

2007年9月に国連宣言が採択された際、バングラデシュ政府は投票を棄権した。チッタ

写真６－１　2008年の世界の先住民族の国際デーに挨拶をし(上)、横断幕をエスニック・マイノリティリーダーらと掲げるディプ・モニ(下)

(出典)BDCHT.Netより。

ゴン丘陵のエスニック・マイノリティの権利回復活動の空白に終止符を打とうと、08年に国連で活動する先住民族リーダーやバングラデシュの人権活動家が、チッタゴン丘陵国際委員会の再結成をコペンハーゲンで行った。同年8月には、委員会メンバーらがチッタゴン丘陵の調査訪問を行っている。09年2月の2回目の訪問時にはシェイク・ハシナ首相と面談し、前向きな対話がされている。

2009年7月29日には、チッタゴン丘陵の軍の3旅団と35のキャンプの撤退が政府から発表された。これは8月に3度目の訪問をするチッタゴン丘陵国際委員会を意識しての動きだった(bdnews24.com 2009-7-29)。この撤退に対して、一部の政治家やチッタゴン丘陵のベンガル人入植者からは強い反対の声が続いたが、9月には約束された撤退が終了した。軍の一部撤退により、政府がいよいよチッタゴン丘陵和平協定の本格的な実施と、エスニック・マイノリティの権利回復に乗り出すかに見えた。10年3月には、日本の国会議員の阪口直人と田中美絵子が、日本のNGOジュマ・ネットが集めた3万人を超えるチッタゴン丘陵和平協定の完全実施を要望する署名をシェイク・ハシナ首相に渡している。

バングラデシュ先住民族フォーラムとNGOのアクションエイド(ActionAid)が共催した2010年10月19日の会議では、主賓として招かれた憲法改正特別委員会スランジット・セングプタ(Suranjit Sengupta)委員長は「政府は憲法で先住民族の存在を認めるだろう」と発言。建国当初の憲法起草者である特別委員会ハサヌル・ホック・イヌ(Hasanul Huq Inu)委員も「憲法での

図6－1　国内紙に掲載された示唆的な風刺画

（出典）アマール・デシュ（Amar Desh）紙2010年2月20日より。

先住民族の認知を望まない有力政治家も多いが、私はそのために一生懸命取り組む」と発言しており、憲法上での認知の可能性が生まれつつあった（The Daily Star 2010-10-20）。

一方で、2010年2月19～20日と、チッタゴン丘陵ランガマティ県サジェク（Sajek）で発生したエスニック・マイノリティへの襲撃事件の後、保守系のアマール・デシュ（Amar Desh）紙に掲載された示唆的な風刺画が波紋を呼んだ（上の図6－1）。チッタゴン丘陵をノコギリでバングラデシュから切り離そうとしている5つの手が描かれている。左の3つの手は、「EU」「チッタゴン丘陵国際委員会」「キリスト教ミッショナリー」とあり、右の2つの手は、UPDF、PCJSSとなっている。この5つの手の根拠は不明だが、チッタゴン丘陵の政治状況への反対派の不安を描き出している。同年には、バングラデシュ内の先住民族の認知に反対する利害関係者の動きも活発になり、賛成派と反対派の綱引きがこの頃から始まっていた。

先住民族認識に関するバングラデシュ政府の転換期

順調に進むと思われていた憲法上の先住民族の認知だが、２０１１年3月15日、憲法改正特別委員会が、憲法上には「先住民族」という言葉を使わずエスニック・マイノリティ・グループ（ベンガル語でKhudro Jonogosthi）を使うことを公表し（Gerharz 2014, Kapaeeng Foundation ２０１１年3月16日メールニュース）、関係者を驚かせた。賛成派の議員がどのように封じ込められたのかは不明だったが、議員や政府関係者が一枚岩でないことがはっきりした。10年10月の憲法改正特別委員会スランジット・セングプタ委員長の発言から、11年3月の委員会の発表の間の5か月間に何かが起こったことになる。

こういった不透明な動向の中、ニューヨークの国連本部で先住民族問題に関する常設フォーラム[4]の第10会期が２０１１年5月16日から27日にかけて開催され、チッタゴン丘陵問題が中心的に取り上げられた。

常設フォーラム委員であるサーミ民族（スカンジナビア半島やロシア北部居住の先住民族）のラルス・アンダース・バエル（Lars Anders Baer）[5]が特別報告者として任命され、報告書をこの会期に提出した。１９９７年のチッタゴン丘陵和平協定を、先住民族と政府間の紛争を解決するためのモデル・ケースとして位置づけ、その協定がほとんど実施されていないことを指摘。軍をチッタゴン丘陵における加害的な存在と位置づけ、軍の撤退を推進することを勧告した。また国連PKO局に対し、バングラデシュからPKOに派遣される兵士のバングラデシュ国内における人権侵害記録をチェックするよう勧告した。

しかし、バングラデシュ政府代表であるイクバル・アハメッド(Iqbal Ahmed)は、バングラデシュ国内には先住民族はおらず、したがって和平協定は先住民族問題に関する常設フォーラムとは関係がなく、チッタゴン丘陵に居住する者は単に部族(tribe)であり、チッタゴン丘陵における問題はフォーラムとは一切関係ないと主張し、経済社会理事会の理事国に対してこの提案を打ち切るように提案した(ジュマ・ネット２０１１、Jahan 2015 : 11)。

ＰＫＯ派兵数に関してバングラデシュ軍は世界トップで、毎年８千人から、多い時で1万人近くを紛争地に派兵してきた。戦場での実践的な学び、高い手当が兵士の魅力となっている。その派遣兵士の人権侵害のチェックをすべきという提言は、まさしくバングラデシュ軍の心臓部分を握るような提言でもあった。

２０１１年6月7日、バングラデシュ軍情報総局は、大臣や関係者とミーティングをもち、国の主権問題に関わるので、先住民族の存在や権利を認めないように要求している(IWGIA 2012 : 19)。チッタゴン丘陵国際委員会の活動にも徐々に政府の反対や介入が目立つようになってきた。同委員会は10年9月29日に、チッタゴン丘陵省からチッタゴン丘陵での調査や会議を行うためには、事前にチッタゴン丘陵省の了解が必要で、すべての活動に政府関係者を同行させる必要があるとする文書を受け取る。さらに11年11月に同委員会は第6回目のチッタゴン丘陵調査を行ったが、政府関係者の監視が続き、バンダルバン県でのミーティングを無理やり中止にさせられ、写真や映像も没収された。そのため、その後計画した調査活動も停止しなくてはならなかった(Ahmed, H. S. 2014：15)。このように、チッタゴン丘陵国際委員会の活動も政府に封じ込まれていった。

憲法改正の結果とバングラデシュ政府の硬直化

2011年6月30日、第15回憲法改正の議論と承認が終わった。憲法の第23条Ⓐにアディバシが加えられることはなく、10年の少数エスニック・グループ文化機構法を読み替えただけで、内容にも大きな変化はなかった(Chowdhury, M. S. 2014：31)。

第23条Ⓐは以下の通りである。

部族や小さなエスニック・グループ、エスニック団体やコミュニティの文化――国家はそれを保護し、部族や小さな種族、エスニック団体やコミュニティの個性的な文化と伝統を積極的に保護、発展させていく。(The Culture of tribes, small ethnic groups, ethnic sects and communities – The state shall take steps to protect and develop the unique local culture and tradition of the tribes, minor races, ethnic sects and communities.）

さらに、改正部分に、第6項(A)では「バングラデシュの人々はバンガリー[6]であり、バングラデシュの市民はバングラデシ[7]である」（The people of Bangladesh shall be known as Bangalees as a nation and the citizens of Bangladesh shall be known as Bangladeshies.）とした（Chowdhury, R. 2014-8-20）。バングラデシュに住む者はバンガリーだけで、その市民はバングラデシュ人であるとする決めつけに対して、エスニック・マイノリティのリーダーたちからの抗議が続いた。

バングラデシュに先住民族はいないという言説を公式かつ決定的にしたのが、２０１１年７月26日の外務大臣のディプ・モニ[8]の記者会見での「バングラデシュに先住民族はいない、全員、先住民族である」という発言である。おそらく同年5月の国連先住民族問題に関する常設フォーラムの勧告を受けたことをバングラデシュ政府が深刻に受け止め、先住民族の存在を公式に否定する必要があった。そして政府は先住民族という用語を一切使用しないという徹底した行動に出始めた。

まず、２０１１年7月21日に、すべての政府の法律・方針書・関連文章に、「アディバシ」という言葉を使用しないことを省庁間ミーティングで決定した（UNPO 2011-8-22）。そして、ＮＧＯ関連局は12年12月18日付で、４つのＮＧＯに名称の中で使われているアディバシという名詞を変更するように通達を出した(New Age 2019-12-30)。また地方自治農村開発省は、12年3月12日に各県の責任者に通達を出し、(a)政府高官は政府の政策と矛盾するため世界の先住民族の国際デーの式典において挨拶、演説などをしないこと、(b)世界の先住民族の国際デーに対して政府はどのような支援もしないよう監視すること、(c)バングラデシュには先住民族がいないことを印刷物、電子メディアなどに明記すること、(d)8月はムジブル・ラーマン(初代大統領)の慰霊の月でもあり、世界の先住民族の国際デーのような祝いごとは避けるべき、といった内容を関係者に発信した(Ministry of Local Government and Rural Development of Bangladesh : 2012)。

２０１４年に新聞情報局はプレスリリースを出し、「大学教員や専門家、新聞編集者、市民社会の人々は、世界の先住民族の国際デーの議論やトークショーでアディバシという言葉を避けるように」という伝達を出した(Saqi 2017 : 47)。

「先住民族はいない」という言説の確立

まず、２０１１年7月26日に外務大臣のディプ・モニが記者会見で発言した内容が、言説確立に大きな影響があったと先ほど述べた。２００８・09年に首都ダッカで行われた世界の先住民族の国際デーの式典に出席して挨拶をし、横断幕を持って写真に写っていた本人の豹変は、彼女の価値観が突然変わったというよりも、その時のバングラデシュ政治の現実がそのまま外務大臣となった彼女の口から出たものと言っていいだろう。それは先住民族の国際デーの開催要綱に挨拶文を何度も書いていたシェイク・ハシナ首相も同類と言える。先住民族認知に対する強い反対の力が、2010～11年にかけてアワミ政権に覆いかぶさってきたと言える。その力が、憲法上の認知を拒み、すべての市民をバンガリーとし、「先住民族はいない」という言説を確立、強化していった。

2011年7月26日に記者会見をしたディプ・モニ外務大臣の会見内容を新聞記事から要約すると以下のような趣旨になる。

バングラデシュのエスニック・マイノリティを先住民族というのは間違っている。バングラデシュの部族は、チッタゴン丘陵に16世紀以前には住んでおらず、歴史書にも法的な書類にも先住民族と見なすものはない。オックスフォードの辞書では、先住民族はその場所に属していて、よそから移り住んだ者でないとしている。チッタゴン丘陵の人々はベンガルの地に遅くに定住したものであり、ベンガル人は4000年以上も前から住んでいると指摘した。国連の先住民族問題常設フォーラムにも、2007年の国連宣言にも、先住民族の明確な定義がないと主張した。チッタゴン丘陵の部族は、16～19世紀頃に、近隣のモンゴロイドの国から、ムガール帝国ベンガル地域に避難または、経済的な移民として入ってきたと指摘した。チッタゴン丘陵和平協定の表記にも部族とあり、先住民族となっていないと指摘した(The Daily Star 2011-7-27)。

チッタゴン丘陵の人々は1997年のチッタゴン丘陵和平協定の中で「部族」と規定されたにもかかわらず、彼らは国連先住民族問題常設フォーラムの場で先住民族概念を利用し、バングラデシュ国家のアイデンティティと存在を脅かしている。1・2%の人口のエスニック・マイノリティを昇格させるために、98・8%の人々を降格することは国家のすることではない。チッタゴン丘陵の人々は16~19世紀にモンゴロイドの隣国から移住してきた移民で、経済的な避難移民である。バングラデシュに最初から居住しているのは人口の98・8%にあたるベンガル人である(bdnews24.com 2011-7-26)。

(新聞記事に基づき筆者が要約)

Sumon と Chowdhury(2018)らは、バングラデシュのインターネットのブログ上の先住民族言説を分析しており、先住民族の権利を正当なものとするのは主にエスニック・マイノリティのリーダーたちや関連するNGOに多く、ILO第107号条約、第169号条約、国連宣言を挙げ、周辺化された人々の権利を主張し、「先住民族」の用語を使い、「部族」という言葉を避ける傾向があるとしている。

一方で、先住民族の概念を否定する人々の最大の理由は「自決権の侵害とリスク」を警戒していることだと考えられる。言説分析の対象として以下のようなブログの書き込みの例を挙げており、これらはディプ・モニの言説と酷似している。

１３３９年にスルタン・ムバラク・シャー(Sultan Mubarak Shah)は、チッタゴン丘陵にムスリムの統治を実現した。それ以後、１５８０年から27代のスルタンがおり、１７６６年までこの地域を統治してきた。そのためチッタゴン丘陵の先住民族はベンガル人であった。そして部族民は外からの移民だった。そして、１８７６年にハンター(Hunter)の調査が行われ、チッタゴン丘陵の住民部族と確認され、元々の住民はベンガル人であったと触れられている。チッタゴン丘陵１９００年マニュアル[9]や89年の丘陵県議会法は、ここの人々は部族と定義している。これは97年の和平協定も同じで、外から来た小さなエスニック・グループを部族としていた。しかもＰＣＪＳＳはそれにサインをして認めた。

(http://www.somewhereinblog.net/blog/anisurrahman2015/29436901)

バングラデシュに先住民族はいない。多くの部族民がいるだけだ。ムガール時代には、隣国から様々な部族民が来て、チッタゴン丘陵に居住を始めた。彼らは政治的、社会的理由から移住を余儀なくされた移民である。チッタゴン丘陵にベンガル人がいない時代は数百年程度である。ベンガル人はここに４千年近く住んでいる。

(http://www.somewhereinblog.net/blog/anisurrahman2015/29436901)

これらの人々がこの地域の居住者であることは疑念がある。彼らのほとんどは、植民地時代にアラカン地域[10]から来た者ばかりである。彼らは移民であり、自決権を主張できる者ではない。しかし彼らはそれを求めている。

(http://www.somewhereinblog.net/blog/stpervez/29430432)

ディプ・モニ外務大臣が記者会見をした翌日、チッタゴン丘陵のチャクマ首長[11]であるデバシシ・ロイ(Devasish Roy)がダッカ市内で記者会見を開き、外務大臣の発言は正しくないとして、以下のような解説を行っている。

フィリピン、スカンジナビア諸国、ラテンアメリカでも、こうした人々の権利を保障している。先住民族を認めることが政府や他の人々の権利を剥奪することではない。外務大臣のチッタゴン丘陵の人々は経済的な移民であるとするコメントは、同時にベンガル人にも、ウルドゥー語を母語とする人々にも当てはまる。またチャクマの国は少なくとも１５５０年から別の国として存在していたとポルトガルの地理学者や歴史家が証言している。19世紀以前に、ベンガル人がチッタゴン丘陵に住んでいたことは知られていないし、記録もない。少なくとも今の人々が居住する前にベンガル人は居住していなかった。先住民族も、部族も、アボリジナルも同じ意味をもつ。先住民族という用語は、先住民族の国際デーのシェイク・ハシナ、カレダ・ジア、ファクルッディン・アハメッド(Fakhruddinn Ahmed)らベンガル人政治家の祝辞の中にもすでに使われている(bdnews24：2011-7-27)。

ディプ・モニの歴史認識と先住性の言説であるが、以下の点に疑問が残ると筆者は思う。

(1) 14世紀にベンガル地方統治者のチッタゴン丘陵の征服があったという歴史的記述があったとしても、そこにベンガル人が移り住み統治していた実態があったのか明確でない。

(2) 17世紀のムガール帝国統治時代に、アラカン王国からこの地域を奪い返したという歴史的認識[12]から考えると、ベンガル人国家の支配が一時期成立していなかったと推定できる。

(3) 18世紀中頃、イギリス政府は、ムガール帝国からチッタゴン丘陵の統治権を譲り受けるが、チャクマ王が何度かイギリス政府に対して反乱をし、その後納税を再開といった歴史的認識から考えると、ベンガル人がその時期にそこに居住し、統治していたとは考え難い。

この当時の支配システムから考えると、ダッカを拠点とするベンガル人統治者は、その地域の統治者を一度戦争で征服した後、徴税や賦役など義務を課したものの、首都ダッカから遠隔地であるチッタゴン丘陵に居住し、自らの生活権をそこで広げることはなかったと考えるのが自然である。14~20世紀初頭まで帝国の統治スタイルは、朝貢関係を維持しつつ、その地域の政治システムや生活はそのままで残し、実態はエスニック・マイノリティの藩王国がそこに存在していたと考える方が自然である。ゆえに「一時期は支配者だったからそこに居住していた先住民族である」という理論は無理がある。しかもこの地域の統治者が何度か変わっていることを考えるとなおさらである。

アジアの多くの国はこうした藩王国間の朝貢関係の中に長く置かれ、支配者も頻繁に変わってきた。チッタゴン丘陵でも11の民族がいるが、ここでの政治力がトップのチャクマ民族も、他の10民族の権利を抑圧しながら成長した可能性もあり、彼ら自身も先住性の矛盾を抱えているかもしれない。先住性の論点から一度離れ、独自文化の有無と彼らの集団的権利を中心的な価値として議論すべきではないかと思う。

もう一つディプ・モニの言説では、先住民族の存在を認めることは対等な自決権を認めることであり、98・8%の人々の権利が「降格」するという認識である。国連宣言にもそのようには書かれておらず、既存の自決権を侵害する、または国内法を変える強制力をもつものでないことはすでに自明のことになっている。国連宣言に最初反対した、アメリカ、オーストラリア、カナダ、ニュージーランドも最終的に賛同したのは、自決権が侵害され国内法の変更を強制されることがないことが明確になったためである。先住民族を認めればベンガル人が権利を失うというのは過剰な解釈としか思えない。ただ、チッタゴン丘陵で土地を不当に奪ってきた多くのベンガル人入植者にとって、先住民族の認知は、自分たちの土地保有を脅かす可能性はある。ディプ・モニや政府機関に表れた言説は「後か先か」、「自決権の侵害」の組み合わせであり、様々な政治対話と抗争の結果生まれてきたチッタゴン丘陵和平協定とその際につくられた自治制度などの現実を直視していない。国連宣言がもたらす影響を封印するためだけの言説であったと考えられる。

国連宣言を遠ざけたバングラデシュの政治構造

2010〜11年にかけて強まったバングラデシュの先住民族へのネガティブな認識の変化は、どのステークホルダーがどう生み出したものだろう。またなぜなのだろうか。

1997年の和平協定以来、政治家たちがエスニック・マイノリティの主張に耳を傾けるようになった。またマスコミもタブー視されていたチッタゴン丘陵内部の取材や動向を報道するようになり、ベンガル人エリートの間にも、チッタゴン丘陵問題を客観的に理解する変化があった。先住民族の国際デーの式典への政治家たちの出席、挨拶、祝辞からもそれは見てとれる。それだけでなく、2009年7月のチッタゴン丘陵からの軍の一部撤退、10年の憲法改正特別委員会メンバーの発言を考えると、その時までは先住民族の権利を認知する方向で政治が動いていたことが推測できる。それに危機感をもった一部の政治家・軍などが、時間をかけて先住民族の認知に楽観的な政治家たちを抑えつけていったと考える方が自然だろう。その背後に、これまで何度もクーデター、暫定政府などを通じて、政治への強い介入を続けてきた軍の関与を考えざるを得ない。ゲルハルツ(Eva Gerharz)は、バングラデシュ軍は平和維持活動に参加するためチッタゴン丘陵を研修の場として位置づけており、チッタゴン丘陵での軍の権限が失われるとその場を失うことになる。また、チッタゴン丘陵の土地収奪とその利活用も、軍だけでなく国家としても重要であると推測している(Gerharz 2014：14–15)。

もし軍が先住民族の認知を拒む最大のステークホルダーならば、軍を不安にさせる要因として以下の点が挙がってくる。

(1)国連宣言の第8条の2(b)、第25条から第30条、第32条に、土地や領域、資源への権利に関わる記述があり、今後、チッタゴン丘陵の土地問題の交渉が、エスニック・マイノリティ側に有利に働く可能性があること。そして、公然と国際社会から批判を受ける可能性があること。

(2)国連宣言の第30条に「1．関連する公共の利益によって正当化されるか、もしくは当該の先住民族による自由な合意または要請のある場合を除いて、先住民族の土地または領域で軍事活動は行われない。2．国家は、彼/彼女らの土地や領域を軍事活動で使用する前に、適切な手続き、特に彼/彼女らの代表機関を通じて、当該民族と効果的な協議を行う」とあり、チッタゴン丘陵におけるバングラデシュ軍の権限が脅かされる可能性がある。また国境警備上の支障が生まれる。

(3)2011年5月の国連先住民族問題に関する常設フォーラムで「ＰＫＯ派兵の人権スクリ

ーニング」が提言され、バングラデシュ軍の重要な利害に介入されたこと。

バングラデシュ軍にとって、チッタゴン丘陵は独裁的に地域資源を独占・収奪でき、戒厳令を理由に自分たちのやりたいことができるサンクチュアリである。また、ベンガル人入植者の存在は、軍の駐屯を正当化させる重要な要件である。

これまでバングラデシュ政府（東パキスタン時代からであるが）は、チッタゴン丘陵のエスニック・マイノリティの社会を軽視し、収奪的な開発で開発難民を生み出し、平野部のベンガル人入植者を政策的に居住させ、その権利を収奪してきた。そして平野部と同じ政治構造をこの地域につくり上げることに集中してきた。そのため、土地問題は回復不可能なほどに複雑化した。そして、軍はその最大のステークホルダーで、エスニック・マイノリティとベンガル人の対立構造を維持し、エスニック・マイノリティ側の内紛を助長して弱体化させ、和平協定の実施をできるだけ遅くし、そこの治安問題を指摘して、自らの役割をつくり出すことこそ、バングラデシュ軍が望むことだ。２００９年のチッタゴン丘陵からの軍の一部撤退は、アワミ連盟政権への一時的な追従とポーズだったと思われ、バングラデシュ軍の本音はこうした構造を維持し続けることだろう。

バングラデシュ政府は証明しにくい「先住性」に議論を引き込み、「先住民族はいない」「全国民が先住民族」という言説を再構築し、エスニック・マイノリティの権利保障はマジョリティ側の権利の剥奪と置き換えている。

小坂田裕子は、国連宣言が採択後、国内法政策に変化があったのは2件のみとし（小坂田2015：312）、国家の側から2種類の抵抗が存在しているとする。それは、①先住民族はいない、自国民すべてが先住民族とする主張、②宣言は法的拘束力をもたないという主張である。そして先住性よりも「周辺化」「先祖伝来の土地と密接な関係にある独特な文化及び生活様式」「自己認識」に焦点を当てた理解が必要としている（小坂田2015：335-338）。しかし、バングラデシュの政府の行動原理を、「知識不足」が原因と決めつけるだけでは、彼らの政治スタイルを変える力になり得ない。他のアプローチを新たに考える必要があるのではないだろうか。小坂田もこうした国連宣言後の各国の硬直した状況を、「国連宣言の採択を国際社会一般の法的信念の表明とみなすことは難しい」（小坂田2015：338）と結び、その困難さを提示している。

国連宣言は、周辺化された世界のエスニック・マイノリティの課題を顕在化させ、現行の国家の陰に隠されていた、エスニック・マイノリティの存在に光と倫理的価値を与えた。しかし、「先住性」が強調されるほど、アジアとアフリカのエスニック・マイノリティは、バングラデシュのような議論に迷い込み、硬直化することは避けられないのではないだろうか。先住民族の基準をつくることで避けられる問題ではないかもしれない。むしろ、「先住性」から離れて、周辺化されたエスニック・マイノリティのための国家保障と守られるべき集団としての権利について、明確な基準をもう一度提示していくことが必要ではないだろうか。そのための民族の特別自治制度の最低基準を検討、提示すべきで、自決権、土地の権利をどう表現するのかが重要な課題になるだろう。

（1）サンスクリット語のadivasiのadiは「初め」、vasiは住居人を意味する。この用語は１９３０年代、インドのChota Nagpurから来たという説、キリスト教ミッショナリーが作ったという説などがある。バングラデシュ政府は２０１１年の第15回憲法改正後、政府関係者のこの用語の使用を禁止した（Saqi 2017：44-45）。

（2）8月9日は、１９８２年に国連人権保護・推進分科会の国連先住民族作業部会が初めて開催された日で、90年に、国連総会が93年を世界の先住民族の国際年と制定し、国連の姿勢をさらに示すために94年12月23日に8月9日を世界の先住民族の国際デー（International Day of the World's Indigenous Peoples）と定めた。

（3）この委員会が設立されたきっかけは、１９８５年12月にバングラデシュの財務大臣がデンマーク議会を訪問した際、チッタゴン丘陵への調査訪問団を歓迎したため、1か月後、アムステルダムでチッタゴン丘陵問題の会議が関係者で開催され、チッタゴン丘陵国際委員会を結成することが決議され、89年に先住民族の権利回復に知見の高い5人がメンバーとなって設立された。90年に初めてインド・トリプラ州とバングラデシュ、チッタゴン丘陵を調査訪問した。

（4）２０００年に国連経済社会理事会によって補助機関として設置されたもので、経済社会開発、文化、教育、環境、健康、人権などに関連する先住民問題を審議する。フォーラムは、専門家のアドバイスや勧告を理事会に行い、また理事会を通して、国連の計画や基金、各種機関にアドバイスや勧告を行うことができる。

（5）Lars Anders Baer は、この時点でチッタゴン丘陵国際委員会のメンバーでもあった。
（6）明確な定義がないものの、一般的に「バンガリー」は、ベンガル地域に住み、ベンガル語をしゃべる、インド・アーリア系の顔立ちをした人々で、主にヒンドゥー教もしくはイスラム教を信じている人のことを指し、バングラデシュのエスニック・マイノリティとは明らかに異なる。
（7）「バングラデシ」は「バングラデシュ人」と解することが多く、エスニック・マイノリティも含めて、バングラデシュ国籍を有する人を表す。この条文の内容だと、バングラデシュ人はバンガリーだけということになってしまう。
（8）先にも触れたが、２００８・09年の世界の先住民族の国際デーに出席し挨拶をしていた。09年1月に初の女性として外務大臣に選ばれた。
（9）イギリス政府が１９００年に発令した「チッタゴン丘陵制令」の別称。
（10）現在のミャンマーのラカイン州周辺地域のこと。
（11）チッタゴン丘陵には11の民族の総称として「ジュマ」があり、そのうち一番人口が多い民族がチャクマであり、その王にあたる。
（12）例えば、バングラデシュ政府が１９７１年に発刊した『Bangladesh District Gazetteers：Chittagong Hill-Tracts』p. 28には、「チッタゴン丘陵は１６６６年までアラカンのものとして残った。Aurangzeb Alamgir 皇帝の命令を得て、１６６６年にその地域を征服し、『Chatgaon』という名称は皇帝の命令により Islamabad と名づけられた」といった記述がある。その他にも近隣のトリプラ王国やアラカンの王国とのチッタゴン丘陵の争奪の様子などが記述されている。

〈参考文献〉

上村英明（２００９）「アジアの『先住民族』概念とその人権運動――その概念構築と現状分析に関する一考察」『平和研究』第34号、１～20ページ。

窪田幸子（２００９）「普遍性と差異をめぐるポリティックス――先住民の人類学的研究」『「先住民」とはだれか』窪田幸子・野林厚志編、世界思想社。

小坂田裕子（２０１５）「『先住民族の権利に関する国連宣言』の実施に向けた国際的努力と課題」『中京法学』49巻３・４号、３１１～３４３ページ。

（２０１７）『先住民族と国際法――剥奪の歴史から権利の承認へ』信山社。

下澤嶽（２０１２）『バングラデシュ、チッタゴン丘陵で何が起こっているか』ジュマ・ネット。

ジュマ・ネット（２０１１）「ジュマ・ネット通信」Ｖｏｌ．26、２～４ページ。

Ahmed, Hana Shams (2014) Politics of restraint : The media and the Chittagong Hill Tracts, Bangladesh's Changing Media Landscape, *University of Liberal Arts Bangladesh and Intellect Books.*

Ahmed, Kawser (2010) Defining 'Indigenous' in Bangladesh : International Law in Domestic Context, *International Journal on Minority and Group Rights*, Vol. 17, No. 1 : 47–73.

bdnews24.com

2009–7–29　https://bdnews24.com/bangladesh/2009/07/29/govt-to-pull-out-complete-brigade-from-cht（２０２２年５月10日参照）

2011–7–26　https://bdnews24.com/bangladesh/2011/07/26/indigenous-people-a-misnomer-moni)（２０２２年５月10日参照）

2011-7-27　https://bdnews24.com/bangladesh/2011/07/27/rdr-says-fm-s-statement-flawed（２０２２年５月10日参照）

Chowdhury, M. S.（2014）*Survival under Threat: Human Rights Situation of Indigenous Peoples in Bangladesh*, Asia Indigenous Peoples Pact & Kapaeeng Foundation.

Chowdhury, Rokeya 2014-8-20 'Adivasi' Denialism in Bangladesh, *Dhaka Tribune*. https://archive.dhakatribune.com/uncategorized/2014/08/20/adivasi-denialism-in-bangladesh

Gerharz, Eva（2014）Recognising Indigenous People, The Bangladeshi Way : The United Nations Declaration, Transnational Activism and The Constitutional Amendment Affair of 2011, *Indigenous Policy Journal*, Vol. 24, No 4.

Ishaq, Muhammad ed.（1975）*Bangladesh District Gazetteers: Chittagong Hill-Tracts*, Government of Bangladesh.

IWGIA（2012）*Militarization in the Chittagong Hill Tracts, Bangladesh : The Slow Demise of the Region's Indigenous peoples*, Report 14.

Jahan, Farhat（2015）*Indigenous Identity Disputes in Democratic Bangladesh*, CLACSO Southern Papers Series/Working Papers #26.

Ministry of Local Government and Rural Development of Bangladesh（2012）Regarding celebration of Indigenous day. https://vdocuments.mx/english-version-not-to-celebrate-ip-day.html（２０２２年５月10日参照）

Nafis, H. 2021-7-8 Bangladesh has No indigenous people' *Jamhoor*. https://www.jamhoor.org/read/bangladesh-has-no-indigenous-people（２０２２年５月10日参照）

Nazreen, Wasfia 2011-7-28 'I ain't indigenous' — reflection of a Bengali. https://www.wasfianazreen.com/writing/i-aint-indigenous（２０２２年５月10日参照）

New Age 2019-12-30 Government directive restricting word 'adivasi' irks personalitie. https://www.newagebd.net/article/95071/articlelist/323/Cartoon（２０２２年５月10日参照）

Saqi, Alida Binte（2017）*Revisiting the Rights of the Adivasis in Bangladesh : A Critical Analysis*, Institute of Comparative Law Faculty of Law, McGill University Montreal, The Degree of LL. M.（Thesis）.

Sumon, M. H. & Chowdhury, M. Z.（2018）The “Adivasi debate” in Bangla Blogsphere : The case of somewherein…blog, *Journal of Anthropology*, July 2018.

The Daily Star

2010-10-20 ‘Indigenous people to get constitutional recognition.’ https: //www. thedailystar. net/news-detail-159176（２０２２年５月10日参照）

2011-7-27 ‘Ethnic minority, not indigenous people’. https://www.thedailystar.net/news-detail-195963（２０２２年５月10日参照）

UNPO 2011-8-22 Chittagong Hill tracts : The Term Adivasi Removed from All Governmental Documents. https://unpo.org/article/13066（２０２２年５月10日参照）

多民族連邦国家への道

人類の生き残りをかけた選択

チッタゴン丘陵の子どもたち

「民族」が生み出す政治力が、これほど長く地球上に影響を与え続けるとは誰も思わなかった。マルクスもレーニンも、民族統治は自明のものとしながらも、民族という要素はいずれ消えてなくなる一過性のものと考えていた。またコスモポリタンなエリート層は、富の増大と教育の普及によって、民族の緩やかな統合が進み、民族政治はトーンダウンすると考えていたかもしれない。しかし、民族政治がもたらす影響力、その弊害はますます増大しており、それが生み出す抑圧的な政治、紛争被害は目を覆うばかりである。ロシアのウクライナ侵攻でも、民族的神話や歴史解釈が大きな影を落としている。

アーネスト・ゲルナーが「第一義的には、政治的な単位と民族的な単位とが一致しなければならないと主張する一つの政治的原理」(ゲルナー2000：1)と定義したナショナリズムは、民族意識と政治を一体化することでコミュニティ内部に強力な一体感を生み出すと同時に、他者への「排除」と「優越感」をも生み出してきた。民族という名の巨大な人間社会を実現させた現象。それは、副作用も強く、世界中に見えない紛争を生み出すきっかけをつくり出している。人類はこの副作用を抑え、紛争の起きない社会をつくれるのだろうか。また民族という価値観はゆっくりと消えていくのだろうか。ならば私たちは何を基盤に政治を考えればいいのだろうか。この答えは非常に難しい。なぜならばエスニック・アイデンティティは人間にとって根源的なものだからである。

生まれてから成長するまで、母親の膝元で聞く言葉、成長を見守ってくれた親族や近隣の人々、共に遊び友情を誓った友人たち、感情を分かち合う祭事、助け合う仕事、愛すべき異性との出会い、これらが一体となり、長い時間をかけてつくられるエスニックな文化体系は、人間の存在と感情に深く根差している。こうした感情は、人間が社会をつくるための根本的なエッセンスであり、人間にとっての子宮や紐帯のようなものでもある。これが封印され、劣等視され、亡きものとして抹殺されるのであれば、人間は常に抵抗するだろう。

しかし、こうしたアイデンティティを維持するために、他者を排除し優越感をもつことは本当に必要なのだろうか。民族と政治をそこまで一体化、絶対化する必要があるのだろうか。

民族国家形成の三つの「うねり」

民族国家という新しい国家制度は、ヨーロッパで起きた三十年戦争の和平条約であったウェストファリア条約（1648年）から始まり、20世紀初頭にピークに達した。最初の大きな「うねり」は、第一次世界大戦の時期である。

第一次世界大戦の勃発と、その敗戦に伴うハプスブルク帝国、オスマントルコ帝国などの巨大帝国の崩壊は、ヨーロッパ地域に多くの民族国家を生み出すことになった。ただ規模の小さな民族が混住する場所では、国家建設は困難を極めた。エスニック・マジョリティが規模の大きい民族国家を構築していく過程で、周辺のエスニック・マイノリティの言語や文化は同化の対象となっていった。エスニック・マイノリティの言語や生活スタイルは無視され、政治参加の機会は奪われた。スペイン、カナダ、フィンランド、スコットランド、イタリア、オーストリアなどその例は多数にわたる。

そして二つ目の民族国家の「うねり」は、第二次世界大戦後のアジア・アフリカの旧植民地の独立である。アジア・アフリカは多数の民族が入り混じりモザイク状に存在していたが、植民地宗主国の力で一つの形をなんとか維持していた。その重石(おもし)が外れることで、個々のエスニック・グループが主権を主張し合うようになり、新たな国家構築は困難を極めた。多くのエスニック・マイノリティは、エスニック・マジョリティの政治独占により周辺化され、一部は抵抗運動に向かっていった。その後これらの多くは慢性的な紛争状態となり、多くの人々が長く苦しむ惨状となった。インドネシア、フィリピン、インド、バングラデシュ、タイ、ミャンマー、中国など、今でも決着がつかないものもある。

最後の大きな「うねり」は、冷戦後のソ連の崩壊がもたらした。ソ連崩壊後に多くの分離独立を求める地域が活性化し、紛争が多発していった。また、冷戦時のソ連とアメリカによる政治介入が弱まり、抑えつけられていた国内の民族問題が表面化していった。ユーゴスラビア、ボスニア・ヘルツェゴビナの例は記憶に新しい。紛争解決の手法として、国連事務総長のブトロス・ガリの平和構築が話題になったのもこの頃である。PKOをはじめとして平和構築は、現在でも重要な役割を果たしながら進化を続けている。しかし、平和構築の諸活動はあくまでも非常事態と紛争再発阻止のための緊急措置であり、紛争後の和平交渉と国の立て直しは、民族統治をどう整理するかが常に焦点になる。その解決の手段をめぐって「エスニック・マイノリティの特別自治」のあり方が議論されてきた。武装抵抗するエスニック・マイノリティが、常に分離独立だけを目指すのではなく、特別自治の付与によって、合意に達することも多い。

こうした三つの「うねり」の中で、ある国では独立を勝ち取り、ある国では特別自治を選び、ある国では独立と特別自治をめぐって意見が分かれて争っている。

多民族連邦国家と民族特別自治

民族国家体制は、必要があって人類の歴史の中で生まれてきた。エスニシティを基盤にした団結メカニズムは、規模の大きい持続的な集団をつくる機能として欠かせないものだった。一民族・一国家の原理で国家をつくっていたならば、これまでに数千の国家が生まれたはずだ。なぜ国家は今も200にも満たないのか。それは、エスニック・マジョリティの膨張する民族意識ができるだけ広大な土地を独占しようと、そこに居住するエスニック・マイノリティがいないかのように行動し、自分たちの国家の中に彼らを押し込めてきたからだ。そもそも民族国家は領土を、様々な歴史的事由をもち出して拡大・拡張する傾向がある。

民族を基盤とした政治システムは非常に強い排他性を生み出す。それはエスニック・マイノリティの中でさえも見つけることができる。チッタゴン丘陵のように、複数のエスニック・マイノリティが一緒に抵抗運動を続けていても、互いの民族間に優劣が徐々に生まれ、政治や社会参加の機会に不平等が際立っていった。民族国家は「強い絆」と「強い排除」の両輪で常に回っている。

民族というものが不変ではなく、「想像による共同体」であるならば、その想像という虚像を壊し、共存の方法がないわけではないだろう。世界の総人口が100億に達するかもしれない私たちは、争わず共存する道を選択していく必要がある。それは、民族の間に緩やかな境界線を残し共存するという選択である。このゴールをここでは、「多民族連邦国家」という名称でとりあえず表したい。三つの「うねり」の中で様々な形で生まれてきた「民族特別自治」はそのための模索であり、将来のための実験と言える。これまでの紛争にかかった時間とコスト、犠牲を考えれば、「民族特別自治」を考える方がはるかに合理的であることは自明である。

民族特別自治とは

エスニック・マイノリティの特別自治制度に決まった名称があるわけではなく、呼び方は様々である。本書では、エスニック・マジョリティ側がエスニック・マイノリティに独自の自治権を移譲する自治システムの総称を、便宜的に「民族特別自治」と呼ぶことにする。ここでは、民族特別自治とは領地の存在を前提にしたものとするが、領地を前提とせず特定の民族に特定の権利や優遇制度を付与する形も存在する。インドの指定部族制度もそれにあたるだろう。また、「特別」とあえてつけているのは、マジョリティの住む州や自治体の行政制度とは異なり、非対称的な内容になることを前提とするからだ。

ここでは、高度な自治を付与され、それを現在でも維持している例をいくつか見てみたい。

イタリア・ボルツァーノ自治県(Provincia autonoma di Bolzano　一般的に「南チロル」と呼ばれる)

人口は約50万人(2011年現在)。ドイツ語を母語とするドイツ系(バイエルン系、アレマン系の一部)住民が人口の半分以上を占め、ラディン語(レト・ロマンス語群の言語)の話者もおり、イタリア語を含む3つの公用語を併用している。

イタリアは第一次世界大戦時の密約を前提に、1918年に軍を南チロルに駐留させ、19年9月10日のサン＝ジェルマン条約で正式にイタリア領とした。22年にイタリアでムッソリーニ政権が誕生すると、ボルツァーノ県ではイタリア化政策が推進され、ドイツ語の使用は禁止され、人名・地名はすべてイタリア語に変えられ、教育もイタリア語で行われるようになった。39年、ムッソリーニはヒトラーから、ドイツ語系住民に、ドイツへ移住するか、イタリアに留まりイタリア人との同化政策を受け容れるかの選択をさせることを提案され、住民は故郷を捨てるか母語を捨てるかという苦渋の選択を迫られた。

第二次世界大戦後、一度オーストリア領となるが、ボルツァーノ県は再びイタリアに吸収された。話し合いの結果、イタリアとオーストリアの間で自治権の概要を定義するパリ条約が1946年に締結された。48年に最初の自治制度が設けられ、そして72年の第二自治法により、ボルツァーノ県は事実上の独自の自治を獲得。92年には紛争終了宣言をしている。ボルツァーノ県の自治は、イタリア憲法・パリ条約・第二自治法の3つの基本文書に基づいており、立法及び行政上の自治権は、通常の法の下で統治される他の地域の権限よりもはるかに優れていると言われている。人口の割合などで議員、予算、権限のシェアを実施している。

スペイン・バスク自治州(Basque Country)

バスク人は人種・言語ともスペイン人と異なり、19世紀まで自治権を認められていた。このため、ピレネー山脈のフランス側に住むバスク系住民とともに独立国をつくろうとする運動が起こり、1959年には「バスク祖国と自由(略称ETA)」という過激な民族組織も結成されて、誘拐・テロ行為などでフランコ政権の弾圧に対抗、73年にはカレロ・ブランコ首相を暗殺した。

1979年にはスペイン国会でゲルニカ憲章(バスク自治憲章)が承認された後に住民投票で

それが承認され、アラバ・ビスカヤ・ギプスコアの3県がバスク自治州として発足した。バスク自治州はバスク語とカスティーリャ語を公用語とした。2010年、ETAは停戦を宣言したが、独立をめぐってなお緊張が続いている。バスクでは徴税権が国ではなく自治州にあり、自治警察もあり高度な自治権が認められている。人口約215万人(2008年推計)。

フィンランド自治領・オーランド諸島(Åland islands)

バルト海、ボスニア湾に位置する6500以上の島からなる諸島。人口約3万人(2020年現在)で、人口の94%がスウェーデン語を話す。スウェーデン語とフィンランド語の両方が公用語。オーランド諸島はフィンランドの一地方としてスウェーデン王国に帰属していたが、1809年にロシア帝国との第二次ロシア・スウェーデン戦争に敗れたことからフィンランドが割譲され、オーランド諸島もフィンランド大公国の一部としてロシア領となった。

第一次世界大戦末期になるとフィンランド本土においてロシアからの独立の気運が高まり、これと並行するようにオーランドにおいてもフィンランドからの分離とスウェーデンへの再帰属を求める運動が起こった。このため、スウェーデンは国際連盟にオーランド問題の裁定を託し、1921年に、国際連盟の事務次官であった新渡戸稲造を中心として、オーランドのフィンランドへの帰属を認め、その条件としてオーランドのさらなる自治権の確約を求めたいわゆる「新渡戸裁定」が示された。これらは両国政府の具体化作業と国際連盟の承認の後、22年にフィンランドの国内法（自治確約法）として成立し、オーランドの自治が確立した。

今日のオーランドの自治は、１９９１年に成立したオーランド自治法及び75年に成立したオーランド不動産取得法を基礎として確立している。これらの法律はフィンランドにおける憲法改正手続きに加えて、オーランド議会による承認がなければ改廃できず、憲法と同等の地位にあるとされている。これらの法律により、オーランドにおけるスウェーデン語及びスウェーデン語文化の保護が実施されると同時に国の権限の大幅な移譲が行われており、オーランドでは独自の行政・財政・立法権限を保持している。ただし、徴税権は有していない。

インドネシア・アチェ特別州

インドネシア・スマトラ島北端のアチェ地域は、13世紀のサムドラ・パサイ王国や15世紀のアチェ王国の時代からイスラム教学の拠点としての歴史があり、インドネシアの中でもイスラム信仰が強い地域である。アチェ人、ガヨ人、アラス人をはじめとするマレー系諸民族が住む。そのうち人口の約90％を占めるアチェ人は、一般にスンニー派の中でもシャーフィイー学派に属するムスリムである。人口は約５２７万人（２０２０年現在）。

１９４９年にインドネシアがオランダから独立すると、スカルノ大統領の政府はアチェを北スマトラ州に併合。アチェ人はこれに抵抗したため、インドネシア政府は59年アチェを特別州として高度な自治を認めたが、抵抗運動はなお続いた。旧スハルト政権時代の76年12月４日、自由アチェ運動（Gerakan Aceh Merdeka：ＧＡＭ）が北海岸沿いのピディ県の山中でアチェ・スマトラ国の独立を宣言し武装闘争を繰り広げた。79年にはスウェーデンに亡命政府を樹立。政府軍が鎮圧作戦を展開し、民間人を含む1万5千人が犠牲になったと言われている。

２００４年12月26日に発生したスマトラ島沖地震による大津波でアチェが壊滅的な被害を受けたことを機に休戦。05年8月15日にＧＡＭと政府との間で和平協定が結ばれた。その後、独立放棄と武装解除に応じ、インドネシアの「州」であることに同意。06年に法律が制定された。行政、司法、徴税、天然資源の管理と利益の享受、地方政党の設立、イスラム法廷の設立など、広範囲な自治が認められている。

フィリピン・ミンダナオ島・バンサモロ自治地域（Bangsamoro Autonomous Region in Muslim Mindanao：ＢＡＲＭＭ）

フィリピン、ミンダナオ島では人口の約5％を占めるイスラム教徒によって構成される組織が、１９６０年代から分離独立を目指して武装闘争を繰り広げてきた。69年に結成されたモロ民族解放戦線（Moro National Liberation Front：ＭＮＬＦ）は、96年にフィリピン政府と和平合意を締結し、ムスリム・ミンダナオ自治地域（Autonomous Region in Muslim Mindanao：ＡＲＭＭ）を主導した。

一方で、１９８４年にＭＮＬＦから分派したモロ・イスラム解放戦線（Moro Islamic

Liberation Front：ＭＩＬＦ）は、分離独立を目指し引き続き激しい武装闘争を続けた。そうした中でフィリピン政府はマレーシアの仲介により和平交渉を続け、２０１２年10月15日、ＭＩＬＦとの間にようやくバンサモロ枠組み合意が調印された。18年7月26日には、ロドリゴ・ドゥテルテ大統領が「バンサモロ基本法」（バンサモロ組織法：Bangsamoro Organic Law）に調印、19年に住民投票が行われ、バンサモロ自治地域を成立させるバンサモロ基本法が批准された。同年2月22日にはバンサモロ暫定自治政府（バンサモロ暫定移行機関）が発足、2月26日にイスラム教徒ミンダナオ自治地域はバンサモロ自治地域へと移行した。この自治制度は、限定付きの司法権限、知事から首席大臣への格上げ、行政部から議員内閣制への移行を含むもので、以前の自治制度をより高度にしたものである。人口は約３７８万人（２０１５年現在）。

インド・自治県議会

インド独立前にイギリスの提案を受けて「基本権、少数派、部族及び隔離地域に関する諮問委員会」の中の「北東辺境部族及び隔離地域小委員会」（ボルドロイ小委員会）が１９４７年に設置され、委員長にアッサム州の首相ボルドロイが就任した。諮問委員会に提出された提案内容は、県議会または地域議会を設置し、土地の所有と利用に関する立法権や焼畑農業の廃止、習慣法の継続や軽度の刑事犯罪の司法、小学校・保健所などの運営や管轄、徴税権、貸金業の規制、鉱物資源の管理をさせるべきとしている。これは、35年のインド統治法の部族人口が9

割を占める隔離地域（Excluded Area）と準隔離地域（Partially-Excluded Area）を想定して提案されたものである。

この提案を受けて、1949年制憲議会で議論が行われ、最終的に部族地域の利益を保護する方向でこの第6付則が作成された。結果、1950年施行のインド憲法では第10編「指定地域及び部族地域」第244条2項、第12編第275条1項でこれらが明記され、第6付則には自治県議会の詳細な内容が明記されている。

インドでは自治県議会が12か所存在するが、北東インドに10か所と集中している。自治県議会は指定部族が居住している地域を分割して知事が公示により自治地域とすることができ、また自治県内に異なった指定部族が居住している場合は、さらにこれを分割し、自治地域とすることができる。自治県の設置は中央政府が行う場合と州政府が行うものがある。

高度な民族特別自治から見えるもの

ほんの一例でしかないが、これらの民族特別自治は、それぞれ異なる点はあっても、エスニック・マジョリティ側の大きな譲歩で高度な自治が実現し継続している事例である。

高度な民族特別自治の共通項を考える際に、以下の8つの視点から整理することができる。

(1)憲法上で民族特別自治が認知されている。

(2)立法権が付与されており、選挙で選ばれる議会(Parliament)制度がある。また、立法された法律は中央政府による変更・修正が簡単にできない仕組みになっている。

(3)母語の公用語化、母語による教育の保障がある。

(4)経済活動に関する行政執行権が付与されている。

(5)天然資源に対する使用権または販売権などが付与されている。

(6)徴税権が一部付与されている。

(7)司法権が一部付与されている。

(8)外交権が一部付与されている。

特に憲法での認知、立法権、母語の公用語化と教育は重要な項目だと言える。それ以外の点は、部分的か付与されていない場合もある。これらの項目が完全に揃わなければならないということではない。

逆に民族国家側が権限を付与しない、または付与が難しい領域として以下のものが挙げられる。

(1)軍事防衛的領域

(2)外交権
(3)国際機関への加盟、国際条約の批准
(4)自決権の侵害の可能性がある事象
（ただし、部分的に権限を与えている事例もある）

これらの事例からもう一つ読み取れることは、長い時間をかけて制度を段階的につくり上げていったことだ。時として第三者の仲介に頼りながら、混迷の時期に双方が対話をあきらめずに、譲歩と権利の獲得を達成している。和平交渉後にそれに反対するグループが生まれるのはどこも同じで、そのグループらとも交渉を続けて、段階的にその形をつくり上げている。

では、国際社会は何をすべきなのだろうか。これまでマイノリティの集団的自決権を明確に表したものとして、２００７年に成立した「先住民族の権利に関する国連宣言」がある。この宣言の重要性はもちろん言うまでもない。しかし、先住性を明確に提示しにくいアジア・アフリカにおいては、政治的な力をもちにくい。「先住性＝自決権＝分離主義」といった言説から一度離れ、エスニック・マイノリティの民族特別自治を具体的に議論する場が増えることが必要ではないだろうか。

マイノリティの中のマイノリティ問題

民族特別自治を構成する地域には、言語が異なるエスニック・マイノリティが複数混住しているケースがある。その場合、互いに仲間意識が強いとは限らず、逆に対立感情をもっていることもある。さらに、こうした「マイノリティ・オブ・マイノリティ」が不利な立場に追い込まれる可能性がある。ヨーロッパだけでなく、アジア・アフリカではそういった地域の方がむしろ多い。こうした矛盾を克服するためにオーストリアの政治家であるカール・レンナー(Karl Renner)の提案が注目されている。

多民族が混住するオーストリアは、複数の民族が平和に暮らせる国家をつくることが難しかった。祖国の父と言われたカール・レンナーは、1899年にオーストリア社会民主党のブリュン綱領の中で、「民主主義的な民族連邦国家」への移行を、オットー・バウアー(Otto Bauer)らとともに訴えた。これは領地支配を行う属地的組織と、文化的自治すなわち言語・教育などの文化領域の行政の自治を担う属人的な民族的組織(民族共同体)を編成し、両者の統合の上に立つ連邦国家を構想すべきだという主張だった。民族的組織は各自が属すると申し出た民族台帳を作成し、それによって組織される。そして、博物館の建設・運営、民族文化・伝統の保護、学校教育、裁判所・官庁の言語上の便宜を図るなどの行政任務を担い、財政基盤を確保するために一定の租税徴収権が認められるとした。つまり民族単位だけに政治システムを置かず、属地的自治と属人的自治の二重構造による自治を考えていた。

しかし時代の複雑な政治の流れの中で、1911年にチェコ人組織がチェコ社会民主党として分離独立するという事態を招き、この案はとうとうオーストリアで実行に移されることはなかった。しかし、72年に南チロル（イタリア・ボルツァーノ自治県）でこの構想が実現し、今日まで継続されている。

チッタゴン丘陵――未来のための一歩

チッタゴン丘陵の紛争と民族問題は、第二の民族国家の「うねり」、アジアの植民地が独立する際に発生した事例だ。そこから卒業し、次のステージに立とうとしているアチェ特別州、バンサモロ自治地域もある。

バングラデシュはベンガル人イスラム教徒が国家の人口の約9割を占め、南アジアの中では、同一言語と文化、宗教を共有する例外的な国である。そのため、ナショナリズムへの高揚感は常に高く、これがチッタゴン丘陵の問題解決を難しくしている。

彼らが東パキスタン時代、西パキスタン側から母語のベンガル語でなくウルドゥー語を公用語にする政策を押しつけられた時、そのナショナリズムは爆発し、独立を求めるエネルギーを生み出した。アイデンティティを否定される体験とその苦痛から、約1億の人々は民族のために闘う高揚感を体験した。しかし、この体験は似た理由で虐げられた人々、例えばチッタゴン丘陵の人々への共感につながるどころか、「ベンガル人優越意識」として抑圧的な政治のエネルギーとなった。

このようにアイデンティティ・ポリティックスは、自集団の結束力を異次元的に強くする。しかし、力の強い他集団には反発、力の弱い他集団には優越意識とそのエネルギーは姿を変え、排他的になりやすい、自己陶酔型エネルギーであるが、多様な人々や文化を受け入れ、つなぎ合わせる力は内包していない。

チッタゴン丘陵は、和平協定が結ばれてすでに25年以上が経過した。和平協定の実施は遅く、軍の駐屯は続き、内紛が日々エスカレートしている。これはひとえに、バングラデシュ国内のベンガル・ナショナリズムがもたらす優越意識とそれに基づく政治が根強くあるからだ。バングラデシュの政治家は政党間の責任転嫁や足の引っ張り合いに終始し、自らの利益追求に奔走する傾向が強い。政治家の政治機能が低下すると、バングラデシュ軍がクーデターを起こし政治介入するという二層的な政治を続けてきた。こうした不安定な政治構造の中で、和平協定を推進させる政治力がなかなか生まれてこない。

それならば、こうした構造の中で、和平協定を実現させた政治力とは何だったのだろう。

一つは、エスニック・マイノリティの人々の命がけの抵抗運動だったと言える。そのために多くの犠牲が払われ、多額の資金も使われた。二つ目は、国境を越えトリプラ州にあふれ出た難民に対するインド政府の強い圧力である。そして最後は、国際社会からの人権侵害に対する強い批判だろう。しかし、今はこの三つとも極めて弱くなってしまった。そうだとするとチッタゴン丘陵のエスニック・マイノリティに残された選択には何があるのだろうか。部外者である私があれこれ言える立場ではないかもしれないが、20年近くこの地域の経緯を見てきて感じる、素直な感想としてここに述べてみたい。

勇気ある選択――内紛からの離脱

今、一番必要なこと、それは「内紛の停止」である。内紛が生み出す副作用は実に深刻である。

内紛がもたらす最初の副作用は、エスニック・マイノリティの政治交渉能力の低下である。5つに分かれた政治グループが、それぞれ異なった主張と行動をとることで、政治的主張が散漫になるだけでなく、交渉自体が成立しなくなる。二つ目は、国際社会の支援や協力が難しくなることである。どれか一つの政治グループを支援すれば、「××派」という色分けがされてしまうため、国際支援団体は自然と活動を控える。三つ目は、内紛によるエスニック・マイノリティのリーダーや活動家の損失である。特に若いリーダーたちが内紛で一番命を落としてい

写真７－１　PCJSS 代表サントゥ・ラルマ氏と筆者の対話

（撮影）ジュマ・ネット。

る。仲間同士で殺害・誘拐を繰り返すので、軍の側は手を出す必要もなく、被害を受けることもない。四つ目は、政治グループが増えることで、住民の献金の額が増えてしまい、住民の負担が増えるだけでなく、献金区域の縄張りをめぐって衝突するようになる。最後に、暴力的な内紛が続くことで軍が「危険な場所なので、自分たちがここにいて監視・警護する必要がある」という、存在理由を提供してしまっていることだ。このように内紛が生み出す副作用は深刻で、自滅への道をゆっくり歩んでいることになる。

何度か、ＰＣＪＳＳのリーダーと対話した際に、ライバルグループとの和解の可能性を問うたことがある。しかし、彼は「奴らはテログループだ」と一蹴し、それ以上話すことを拒否し、その形相は憎しみに満ち断固とした雰囲気があった。「自分の価値が絶対という信念」「他グループに自分の立場が脅かされる気持ち」「過去相手から聞かされた罵詈雑言への怨念」、そんなものが入り混じった憎しみを感じた。しかし、この一徹な憎しみを仲間に向けることは、自滅の選択と言える。なぜなら、軍やベンガル・ナショナリストが、これを最大限利用したがっているからだ。

和平協定の実施とさらなる交渉へ

事例にもあったように、成功した民族特別自治の交渉は、何段階にも長く続いたケースが多かった。新たなステージを意識して、再交渉を考えていくべきではないだろうか。現時点の和平協定では、憲法による認知、ベンガル人入植者の問題、土地問題の解決は棚上げ状態である。これらはいずれにせよ議論をしていかなければならない問題で、なんらかの解決を見つける必要がある。そのためにも再交渉のステージをつくる必要がある。内紛を止め、交渉のためのプラットフォームを再構築し、和平協定の実現と併せて交渉を進める必要がある。もしその場がつくられるのであれば、以下の点を次のステージの交渉内容として私は強調したい。

(1)憲法でエスニック・マイノリティのための民族特別自治制度、土地所有の保障、文化や言語の維持、教育や雇用のための支援策の必要性を認知させ、合憲実態をつくり出すことである。ここでは「先住民族」の定義にこだわらず、まずは、エスニック・マイノリティに一定の民族特別自治を与え、その文化と生活の保障が憲法で認知されていることが重要である。

(2)ベンガル人入植者がここに居住するようになってすでに45年近く経とうとしている。２世、３世も存在し、入植時約40万と言われた人口も、２０２２年には約92万人に達している。第４章でも書いたが、ベンガル人入植者の存在が、この地域の問題を複雑かつ深刻にしている。しかし、和平協定にはベンガル人入植者のことは一行も触れられていない。今後彼らをどう扱うのか、全員平野部に戻ることを要求し続けていけばいいのだろうか。私が２００４年にクラスター・ビレッジを訪れた際に、そこに住むベンガル人入植者が最後に言ったことを思い出す。

「私たちは政府の言葉を信じ、故郷の財産や親族から離れ、この地域に来た。今は恐怖に脅え、この狭いクラスター・ビレッジで暮らしている。私たちの失った時間、約束してくれた土地を政府に保障してほしい。それだけだ。それならば私はどこに住んでも構わない」

この言葉が本当であれば、平野部への移住かチッタゴン丘陵への残留かを決めるチャンスをベンガル人入植者に与えるべきではないだろうか。対応の責任は当然バングラデシュ政府にあるが、彼らの生活復興に外国政府のＯＤＡ資金の活用も考えられるのではないだろうか。

(3)もしベンガル人入植者の問題が一段落したならば、次に重要なことは丘陵県議会の選挙の実施である。丘陵県議会の選挙が実施されれば、丘陵地域議会の選挙も実施可能になる。残ることを選択したベンガル人入植者も選挙リストに当然加わることになる。しかし、丘陵県議会も丘陵地域議会も議席数は割当性になっており、ベンガル人の議員の数は限られているため、議員の数で押し切られることは当面はない。法律にのっとった議会をつくることで権限移譲と実質的な統治実態を生み出すことができる。

(4)土地問題は非常に複雑で、ここで詳細に触れることは難しいが、解決策を土地委員会だけに集約させるのではなく、残留するベンガル人入植者のための土地、森林局が貸し出している土地の返還、軍が収用した土地の法的処理など、「包括的チッタゴン丘陵土地問題処理法(仮称)」の立法化と各省庁の官僚が入る処理委員会を設立すべきである。

(5)前記の問題の整理がつくのであれば、軍の活動は国境周辺の警備と治安に限定し、これまでのような超法規的な特別作戦は終了し、軍キャンプの撤退を期限を決め実行に移すよう交渉をすべきだ。

(6)ここまでの交渉と作業に外国政府の仲介と監視が入ることが望ましい。それによって少なくとも和平と民族特別自治の実施の求心力が維持しやすくなる。

今のチッタゴン丘陵の現状は、自分の両親・兄弟・親族を失った人々、自分の家がダムの底にある人々、土地を奪われた人々にとっては受け入れ難いものだろう。ただ、日々空気が抜けていく風船のような、明日に希望を見出せないチッタゴン丘陵の現実を見るのもつらいはずだ。チッタゴン丘陵の人々がどのような未来を選ぶのか、見守っていくしかない。

〈参考文献〉

アーネスト・ゲルナー（２０００）『民族とナショナリズム』加藤節監訳、岩波書店。Gellner, Ernest（1983）*Nations and Nationalism*, Blackwell Publishers, Oxford.

遠藤聡（２００７）「インドネシアにおけるアチェ和平のプロセス――アチェ統治法を中心に」『外国の立法』Ｎｏ．２３２、国立国会図書館調査及び立法考査局、１２６～１４３ページ。

太田仁樹（２０１９）「カール・レンナーの属人的民族的自治論と二元的連邦国家構想」『岡山大学経済学会雑誌』50巻3号、25～38ページ。

（２０２２）「エルンスト・パンツェンベック著、青山孝徳訳『一つのドイツの夢：カール・レンナーとオットー・バウアーにおける合邦思想と合邦政策』（御茶の水書房、２０２２年）」『岡山大学経済学会雑誌』54巻1号、65～73ページ。

落合直之（２０２２）「フィリピン・バンサモロ自治政府：垂直的及び水平的パワー・バランスに寄る統治」『ＳＲＩＤジャーナル』第22号。

丸山敬一（１９９１）「民族自決権の意義と限界」『中京法學』26巻1号、1～18ページ。

Malloy, Tove H. & Palermo, F. ed.（2015）*Minority Accommodation through Territorial and Non-territorial Autonomy,*

Oxford University Press.
Smith, David J. (2014) Minority Territorial and Non-Territorial Autonomy in Europe: Theoretical Perspectives and Practical Challenges, Kantor, Z. (ed.), *Autonomies in Europe: Solutions and Challenges*, L'Harmattan: 15-24.

〈参考ウェブサイト〉

石井正子（２０１８）「ドゥテルテ政権：バンサモロ新自治政府設立のための法律成立」『アジア平和構築イニシアティブ』笹川平和財団。
https://www.spf.org/apbi/news/p_180728.html（２０２３年7月9日参照）
星野昌裕（２０２１）「中国の少数民族問題をどう捉えるか」『三田評論』。
https://www.mita-hyoron.keio.ac.jp/features/2021/08-3.html（２０２３年7月9日参照）
Autonomy Experience　https://www.autonomyexperience.org/en/home-english/（２０２３年7月9日参照）

あとがき

私がチッタゴン丘陵に深く関わることを決めたのは、序章でも書きましたが、１９９２年に発生した大きな虐殺事件への憤りでした。しかしその数年前に、一度だけベンガル人の助けを借りて川を渡って、秘密裡にチッタゴン丘陵を数時間だけ訪れたことがありました。バザールでタバコを吸う女性、出された地酒、袈裟をまとった僧侶と、バングラデシュとは全く異なる空間に鳥肌が立ったことを覚えています。そして、１人の若者があまりにも日本人に似ているので、日本語で「日本人ですか」と質問してキョトンとされたりもしました。ベンガル人社会にようやく慣れてきた私にとって、強烈な体験でした。思えばこの時、何か見えないもので私とチッタゴン丘陵が深くつながりあったのだと、今思い返しています。

チッタゴン丘陵に関するまとまった本をちゃんと出そうと考えたのが3年前でした。20年近くチッタゴン丘陵の紛争に関わる活動を続けてきたものの、時々の現地の事件や騒動への対応に追われ、まとまった文章を書くことができずにいました。この機会に、ため込んでいた多くの資料に目を通すにつけ、自分が知らずにきたこと、偏った解釈をしてきたことが多々あったことに恥じ入りました。また、読むほどに多くの疑問と謎がさらに生まれました。これらは残された人生の宿題として、考え続けていければと思っています。

自分が生まれ、成長する場に寄り添うようにして存在した身近な「文化」と「仲間」。それは、その人にとって生涯分かち難い、自分の「血」にも似た重要なものです。本書では便宜的にそれを「エスニシティ」と呼んでいます。しかし、想像を基盤とする巨大な集団である「民族」は別です。そして、「民族」と政治の一体化に、人間の未来はないと私は思います。「エスニシティ」は侵されることなく保護され、「政治的機会」はすべての人に平等に分け与えられる未来社会こそが、これからの私たちの選択肢だと感じています。

今回の執筆を通して、うっすら見えてきた未来があります。それは世界のエスニック・マイノリティのために、「民族特別自治区」を普遍的な世界ルールにし、彼らが紛争と差別に巻き込まれない社会を考えることです。このことはこの本の第7章で触れています。自分の能力と時間が足りなかったため、その章は正直、中途半端に終わっています。同時に、調べ始めて、先行研究が実に少ないことにも驚きました。

「民族特別自治区」のような場所はすでに世界中に存在しています。しかし、それらの多くは、エスニシティの価値を深く捉え、平等な社会をつくる政治構造にはなっておらず、マジョリティ社会に簡単に介入されてしまう構造を含んでいます。まずそれらの課題の検証が重要だと思うようになりました。そして、未来のモデルとなりうる数少ない民族特別自治区の成立過程とその実態研究も併せて必要です。これらの議論と行動の先には、武力を前提とした平和構築を超えて、新たな平和構築の道をつくれるのではないかと思っています。

気の遠くなるような話ですが。また少しずつ前に進みたいと思います。

今回の出版に際して、出版助成をしていただいた静岡文化芸術大学の皆様、そして『愛知大学国際問題研究所紀要』（159号、160号）に掲載した論文を活用させていただくことに関して快く承諾をしてくださいました愛知大学国際問題研究所の皆様、本当にありがとうございました。この場を借りて謝辞を述べさせていただきます。

また、出版に際して、コモンズの大江孝子さま、星野智恵子さま、短時間にもかかわらず、大変なご尽力をいただきました。重ねて感謝いたします。

最後に、多くの情報を提供してくださった先輩研究者、チッタゴン丘陵の人々に感謝いたします。どうもありがとうございました。

2024年2月1日

下澤　嶽

◆初出一覧

下澤嶽（2022）「東パキスタン、カプタイダム建設と開発難民の60年」『愛知大学国際問題研究所紀要』第159号、77～106ページ（本書第2章の一部として加筆のうえ使用）。

下澤嶽（2022）「先住民族の権利に関する国際連合宣言とバングラデシュ政府の『先住民族はいない』言説」『愛知大学国際問題研究所紀要』第160号、143～166ページ（本書第6章の一部として加筆のうえ使用）。

【著者紹介】

下澤　嶽（しもさわ・たかし）

1958年、愛知県豊橋市生まれ。静岡文化芸術大学文化政策学部教授。平和構築NGOジュマ・ネット共同代表。専門：バングラデシュ研究、国際協力・NGO・紛争研究。主著＝『開発NGOとパートナーシップ——南の自立と北の役割』（コモンズ、2007年）。共著＝『ロヒンギャ問題とは何か——難民になれない難民』（明石書店、2019年）、『2018 世界の社会福祉年鑑』（旬報社、2018年）。

平和構築ＮＧＯジュマ・ネット　https://donate.jummanet.org

ジュマ・ネットはバングラデシュ、チッタゴン丘陵地帯の紛争解決と平和促進のために、関心のある有志や団体が集まり2002年3月に設立されました。チッタゴン丘陵地帯の弱い立場に置かれた先住民族の人々をはじめ、多民族の境界線で起こる紛争・対立解決を目指す日本の非営利団体です。すべての人が公正に暮らせる社会「グローバル・コモンズ」の形成を目指します。

エスニック・マイノリティに未来を拓く

二〇二四年 二 月二九日　初版発行

著　者　下　澤　嶽

発行所　コモンズ

東京都新宿区西早稲田二—一六—一五—五〇三

ＴＥＬ〇三（六二六五）九六一七

ＦＡＸ〇三（六二六五）九六一八

振替　〇〇一一〇—五—四〇〇一二〇

info@commonsonline.co.jp

http://www.commonsonline.co.jp/

編　集　星野智恵子（冬芽工房）

印刷・製本／加藤文明社

乱丁・落丁はお取り替えいたします。

ISBN 978-4-86187-174-0 C3031